# LES BLANCS-BECS,

COMÉDIE-VAUDEVILLE EN DEUX ACTES,

PAR MM. ANICET-BOURGEOIS ET ÉDOUARD BRISEBARRE,

Représentée pour la première fois, à Paris, sur le théâtre des Folies-Dramatiques, le 13 novembre 1841.

## DISTRIBUTION :

| | | | |
|---|---|---|---|
| LE GÉNÉRAL | M. Ferdinand. | LA BARONNE DE CARPENTRAS | M<sup>me</sup> Clorinde. |
| BASTINGARD | M. Dorlanges. | | |
| DE PAMPELUNE | M. Ch. Potier. | M<sup>me</sup> DE BRIARE | M<sup>lle</sup> Aglaé. |
| GILBERT | M<sup>me</sup> Ang. Legros. | UN OFFICIER | M. Alphonse. |
| MARTIAL | M<sup>me</sup> Mina-Roussel. | UN DOMESTIQUE | M. Desquels. |
| ROGER | M<sup>lle</sup> Amélie. | UN CONCIERGE | M. Jules. |
| ALEXIS | M<sup>lle</sup> Pauline. | PUPILLES DE LA GARDE. — DAMES D'HONNEUR. | |
| LA MARQUISE D'ANDRESY | M<sup>me</sup> Rougemont. | ETAT-MAJOR. | |

## ACTE I.

Une partie du parc de Saint-Cloud ; en perspective, le château ; à droite et à gauche, allées et contre-allées.

### SCENE I.

M<sup>me</sup> DE BRIARE, Dames d'honneur, puis LA MARQUISE D'ANDRESY.

(Au lever du rideau, un roulement de tambours se fait entendre ; les dames d'honneur accourent par l'allée de gauche, et se dirigent vers celle de droite.)

M<sup>me</sup> DE BRIARE,
Par ici, Mesdames, par ici. De là nous verrons à merveille.

LA MARQUISE, accourant par le fond à gauche.
Une place, de grace, Mesdames, une toute petite place...
(Les autres dames d'honneur s'avancent dans la contre-allée pour mieux voir défiler les pupilles et disparaissent.)

M<sup>me</sup> DE BRIARE.
Ah ! ce n'est que la garde impériale !

LA MARQUISE, riant.
Que la garde impériale ! Oubliez-vous donc que nous sommes au château de Saint-Cloud, et dames d'honneur de S. M. l'Impératrice ?

M<sup>me</sup> DE BRIARE.
Ce ne sont pas les vieux grognards que je désire voir défiler, mais c'est le régiment des pupilles de la garde, qui doit passer ce matin sa première revue.

LA MARQUISE.
J'avoue que le décret impérial, que j'ai lu dans *le Moniteur*, est bien fait pour...

M<sup>me</sup> DE BRIARE.
Pour piquer la curiosité.

LA MARQUISE.
Et pour exciter l'intérêt. On n'admettra dans les pupilles, dit ce décret, que les fils ou les neveux des militaires morts au champ d'honneur.

M<sup>me</sup> DE BRIARE.
Pauvres enfans !.. on ne sera reçu qu'après avoir prouvé que l'on a atteint au moins l'âge de... (Riant.) dix ans... A seize, on quittera le régiment ; probablement, il n'y aura pas de grenadiers, et les moustaches ne seront pas de rigueur... Mais que fera-t-on de ces soldats en miniature ?..

LA MARQUISE.
La garde du roi de Rome, et les vieux grenadiers de l'Empereur vont ce matin faire le serment d'adopter et de protéger ces pauvres orphelins.

(On entend battre une marche.)

M<sup>me</sup> DE BRIARE.
Les voici... Ah ! les gentils uniformes !.. C'est qu'ils marchent très bien au pas, et ils ont tous de très jolies figures.

LA MARQUISE.
C'est vrai !

M^me DE BRIARE.

Bien! la garde impériale se place devant nous, est-ce contrariant? Je donnerais tout au monde pour les voir de près; je demanderai une permission a leur colonel.

LA MARQUISE.

Attendez au moins qu'ils en aient un... Ce n'est qu'après la revue que le ministre de la guerre, en l'absence de l'Empereur, doit le faire connaître.

M^me DE BRIARE.

Ah ça, quel âge aura-t-il le colonel?.. une douzaine d'années.

LA MARQUISE.

Par exemple, Sa Majesté donnera, dit-on, pour chefs aux pupilles de la garde, d'anciens et de braves officiers de ses armées.

M^me DE BRIARE.

Alors, ceux que l'Empereur a choisis pour former le régiment des pupilles ont les plus grandes chances. (A la marquise.) Et votre oncle, le commandant Bastingard...

LA MARQUISE.

Mon oncle n'a pas été appelé seul à faire l'éducation de ces jeunes soldats... N'a-t-il pas eu pour collègue M. de Pampelune.

M^me DE BRIARE.

Oh! le commandant Bastingard doit l'emporter sur lui.

BASTINGARD, en dehors.

Ils feront halte ici, tout à l'heure... dans ces jardins.

LA MARQUISE.

C'est lui, le commandant!

## SCÈNE II.

LA MARQUISE, BASTINGARD, M^me DE BRIARE.

LA MARQUISE, vivement, en courant vers Bastingard.

Eh bien! mon oncle, et les pupilles.

M^me DE BRIARE.

Où sont-ils?.. que font-ils?

BASTINGARD, qui est arrivé par l'allée à droite.

Ils manœuvrent encore dans la cour du château de Saint-Cloud, sous les yeux de l'Impératrice.

M^me DE BRIARE.

Et après la revue?

LA MARQUISE.

Que fera-t-on de ce joli régiment?

BASTINGARD.

On renverra ce joli régiment à la caserne.

TOUTES.

A la caserne!

BASTINGARD.

Au pas accéléré, dirigés sur Versailles, et en attendant qu'il se trouve un quartier disponible, ils seront casernés à l'Orangerie.

TOUTES.

A l'Orangerie!

BASTINGARD.

C'est là que je les ai disciplinés... moi, leur vieil ami.

M^me DE BRIARE.

Et bientôt leur colonel.

BASTINGARD.

Oh! oh! quand on ne court pas les antichambres... quand on n'a pour protecteurs que des campagnes et des blessures... (Vivement.) Mais corbleu! si je ne suis pas nommé... je me vengerai de l'Empereur!

LA MARQUISE.

Que dites-vous?

BASTINGARD.

Air de Julie.

Napoléon, tu verras si je raille,
Ton vieux soldat, de toi se vengera,
Il t'attendra le jour d'une bataille,
Quand le canon soudain retentira.
Comme entre nous, je crois qu'il m'apprécie,
Au premier feu, l'on me verra courir;
Pour l'Empereur, je saurai bien mourir,
Afin que ça le contrarie.
Pour l'Empereur, oui, je saurai mourir,
Afin que ça le contrarie.

M^me DE BRIARE.

Le beau projet!

LA MARQUISE.

Et vous ne verriez plus vos petits protégés!..

BASTINGARD.

C'est vrai... ces pauvres orphelins, je ne serais plus là pour en faire des troupiers modèles, des lurons dignes de la vieille... je ne pourrais plus leur apprendre à se faire hacher par l'ennemi sans sourciller!

TOUTES.

Par exemple!

LA MARQUISE.

Ah! mon oncle, toujours la guerre.

BASTINGARD.

Que veux-tu?.. c'est mon élément.

LA MARQUISE.

Je l'ai en horreur, votre élément.

BASTINGARD.

Eh! pardieu! que t'a-t'elle donc fait, la guerre, elle t'a enlevé ton mari, voilà tout, pas autre chose.

M^me DE BRIARE.

Comme c'est agréable pour une femme!.. Se marier le matin!.. et le soir...

BASTINGARD.

C'est vrai. Au moment le plus délicat... ordre de l'Empereur au colonel d'Andresy, de rejoindre son régiment, et à la première escarmouche on ne tire qu'un coup de canon,.. et le boulet est pour lui!.. Ce diable d'homme a toujours eu du bonheur.

LA MARQUISE.

Ah! mon oncle!..

M^me DE BRIARE.

Et votre nièce...

BASTINGARD.

Eh! c'est à refaire!

LA MARQUISE.

Me remarier!.. Ah! mon oncle!

M^me DE BRIARE.

Voyez M^me la baronne de Carpentras, elle

ACTE I, SCÈNE IV.

s'est si bien trouvée du mariage... qu'elle cherche à tout prix à remplacer...

BASTINGARD.
Ce pauvre de Carpentras!.. C'était un brave, l'Empereur l'aimait bien.

LA MARQUISE.
Et Sa Majesté l'a prouvé en accordant à la veuve de M. de Carpentras le titre de dame d'honneur de l'Impératrice.

M<sup>me</sup> DE BRIARE.
Dignité que lui méritaient peu ses manières et son langage... pourtant, grace au nom qu'elle porte, elle jouit à la cour d'un certain crédit...

LA MARQUISE.
Qu'elle utilise en ce moment pour emporter la nomination de colonel des pupilles pour son protégé, M. de Pampelune.

BASTINGARD.
Oui, mon collègue, une espèce de fat.

M<sup>me</sup> DE BRIARE.
M. de Pampelune?.. Je ne m'étonne plus, une ancienne passion...

LA MARQUISE.
Silence, voici M<sup>me</sup> de Carpentras.

BASTINGARD.
J'ai des ordres à remettre au grand-maréchal du palais... Mesdames... Au revoir, ma nièce.

(Il sort vivement par l'allée à droite.)

## SCÈNE III.

M<sup>me</sup> DE BRIARE, M<sup>me</sup> DE CARPENTRAS, LA MARQUISE.

M<sup>me</sup> DE CARPENTRAS, arrivant par le fond à droite.
Ah! la grande reine! la grande princesse! la grande... (Aux dames d'honneur, en les apercevant.) Elle a été sublime!

M<sup>me</sup> DE BRIARE.
Qui?

M<sup>me</sup> DE CARPENTRAS.
L'Impératrice... Que de grace, que de majesté... Elle m'a permis d'espérer le grade de colonel des pupilles de la garde.

LA MARQUISE, sèchement.
Pour vous?

M<sup>me</sup> DE CARPENTRAS.
Plaît-il?

M<sup>me</sup> DE BRIARE.
Pour M. de Pampelune?

M<sup>me</sup> DE CARPENTRAS.
Oui, pour mon Pampelune... (Avec joie.) Je serai donc M<sup>me</sup> la colonelle!

TOUTES.
Vous!

M<sup>me</sup> DE CARPENTRAS.
Ah! ça m'est échappé... Ah bah!.. Oui, Mesdames, nous nous aimions, nos cœurs s'entendaient en cachette.

M<sup>me</sup> DE BRIARE, ironiquement.
Et cependant M. de Pampelune attendait sa nomination pour se déclarer.

M<sup>me</sup> DE CARPENTRAS, sèchement.
Les obstacles venaient de moi, de moi seule,

entendez-vous; la veuve d'un général de brigade, une femme de ma portée, ne pouvait pas décemment convoler avec un petit officier de cavalerie.

TOUTES, riant.
Certainement.

PAMPELUNE, paraît en fredonnant.
J'ai long-temps parcouru le monde...

M<sup>me</sup> DE BRIARE.
C'est lui!

M<sup>me</sup> DE CARPENTRAS.
Jules!

PAMPELUNE, au fond.
Caroline!

## SCÈNE IV.

LES MÊMES, PAMPELUNE.

M<sup>me</sup> DE CARPENTRAS, allant à lui très vivement.
Jules, m'aimez-vous?

PAMPELUNE.
Ah! devant ces dames?..

M<sup>me</sup> DE CARPENTRAS.
Répondez net : Oui ou non.

PAMPELUNE, avec effort.
Eh bien! pourquoi pas?

M<sup>me</sup> DE CARPENTRAS, aux dames.
Vous l'entendez... Pourquoi pas?.. Je ne le lui fais pas dire.

M<sup>me</sup> DE BRIARE, riant.
Écoutez donc, M. de Pampelune, lorsque, comme vous, on a une réputation.

PAMPELUNE, riant.
Ah! j'y suis... de Lovelace, de petit don Juan... (Avec suffisance.) Je ne l'ai pas volée.

M<sup>me</sup> DE CARPENTRAS, sévèrement.
M. Jules...

PAMPELUNE.
Ah! je ne veux pas vous tromper... vous dire que je suis... non... Le beau sexe a eu quelques bontés pour moi... J'ai voltigé de fleur en fleur... je suis de la nature des papillons...

M<sup>me</sup> DE CARPENTRAS.
Je vous couperai les ailes, petit fripon!

PAMPELUNE.
Mais je mettrai un frein à mes passions : plus de fredaines... plus d'amourettes... Adieu, Paphos et Cythérée.

M<sup>me</sup> DE CARPENTRAS.
Et bientôt le dieu d'hymen... réunira deux cœurs qui battent depuis le jeune âge...

M<sup>me</sup> DE BRIARE.
Comment?..

M<sup>me</sup> DE CARPENTRAS.
Oui, Mesdames, nous nous sommes connus enfans... il y a quelque temps...

LA MARQUISE, en demi à parte.
Il y a long-temps.

PAMPELUNE.
Au village, nous avons batifolé sous la coudrette...

M<sup>me</sup> DE CARPENTRAS.
Je n'étais, alors, qu'une petite paysanne... Oh!

je n'en rougis pas, gentille à croquer... mais voilà tout.

LA MARQUISE.

Vraiment?..

M<sup>me</sup> DE CARPENTRAS.

Et Jules était le fils du seigneur de mon endroit...

PAMPELUNE.

Oui... j'étais le seigneur de... son endroit...

M<sup>me</sup> DE CARPENTRAS.

Et mauvais sujet... Ah! il abusait de son physique... La révolution arriva, et, un beau jour, je retrouvai mon ancien seigneur, brigadier dans les hussards; il était adorable en hussard.

PAMPELUNE, modestement.

Le costume est si avantageux... ça pince la taille... ça dessine... Pour les hommes bien faits, il n'y a que la cavalerie.

TOUTES, riant.

C'est vrai...

PAMPELUNE.

Mais vous, Caroline, vous avez eu aussi votre jour de triomphe... à la fête de l'Être suprême, en déesse de la liberté.

M<sup>me</sup> DE BRIARE.

Comment?..

LA MARQUISE.

Vous étiez...

M<sup>me</sup> DE CARPENTRAS.

Magnifique.

Air du Piége.

En me voyant chacun s'extasiait,
J'étais, vraiment, plus belle que les anges ;
Ce n'est pas tout, le peuple me suivait
En proférant des cris étranges ;
On se battait pour mieux me contempler.
Quoique la fête ne fût pas finie,
On fut forcé de me faire en aller ;
Je troublais la cérémonie.

TOUTES, riant.

Quel honneur !

M<sup>me</sup> DE CARPENTRAS.

C'est sous ce costume que feu Carpentras m'aperçut, m'aima... et... (Elle soupire.) Ah !..

PAMPELUNE.

Caroline, je compte le remplacer avec avantage... si les obstacles que vous savez...

M<sup>me</sup> DE CARPENTRAS.

Ils sont levés...

PAMPELUNE.

Quoi! ces épaulettes que je rêve...

M<sup>me</sup> DE CARPENTRAS.

Me sont promises, et vous les recevrez...

PAMPELUNE.

Mais aujourd'hui, tout à l'heure, alors... car la revue est terminée. Une députation du régiment des pupilles va arriver ici, dans ces jardins, et le général de service au palais va lui présenter son colonel.

TOUTES.

Les pupilles... ici...

LA MARQUISE.

Quel bonheur !

M<sup>me</sup> DE BRIARE.

C'est charmant !

LA MARQUISE.

Les voici, Mesdames, les voici.

(Les autres dames d'honneur rentrent en scène.)

## SCÈNE V.

LES MÊMES, LES PUPILLES, LE GÉNÉRAL, BASTINGARD, L'ÉTAT-MAJOR.

(Les pupilles arrivent par la contre-allée, premier plan à droite, fifre et tambours en tête, défilent et se rangent au fond. Les dames d'honneur ont gagné la gauche. A l'entrée du général et de l'état-major, Bastingard fait présenter les armes.)

ENSEMBLE.

Air de Grisar.

LES PUPILLES.

En avant! pupilles de la garde.
De l'aplomb! marchons bien tous au pas,
Et songeons qu'ici l'on nous regarde.
Manœuvrons comme de vieux soldats.

LES AUTRES.

En avant, pupilles de la garde!
De l'aplomb! marchez bien tous au pas,
Et songez qu'ici l'on vous regarde.
Manœuvrez comme de vieux soldats.

BASTINGARD.

Halte!.. front!.. A droite, alignement!.. fixe!.. (Entrée du général.) Présentez armes !

LE GÉNÉRAL.

Pupilles de la garde, je vais faire connaître les officiers qui doivent vous commander.

LES PUPILLES.

Ah!

M<sup>me</sup> DE BRIARE, à la marquise.

Regardez-les donc.

LA MARQUISE.

Ils sont charmans !

PAMPELUNE, à part.

Mon cœur palpite !

LE GÉNÉRAL.

Le colonel des pupilles de la garde, nommé par l'Empereur, est le chef de bataillon Bastingard.

BASTINGARD.

Allons, il a eu de la mémoire !

PAMPELUNE.

Je suis joué.

LES PUPILLES.

Vive le colonel Bastingard !

BASTINGARD.

C'est Vive l'Empereur ! qu'il faut crier.

LES PUPILLES.

Vive l'Empereur !

MARTIAL, haut.

L'un n'empêche pas l'autre.

GILBERT.

Bien dit... Martial.

MARTIAL et GILBERT.

Vive le colonel !

BASTINGARD.

Martial Barbezieux...

MARTIAL.
Présent.

LA MARQUISE, à mi-voix.
Ah! ce nom... cette figure, c'est lui... c'est mon filleul.

MARTIAL, regardant la marquise.
Ma marraine...

BASTINGARD, continuant.
Gilbert Montreuil.

M<sup>me</sup> DE BRIARE, s'oubliant.
Mon frère de lait...

GILBERT, la regardant.
Ah bah!...

BASTINGARD, continuant.
On ne parle pas sous les armes... Chacun un jour de salle de police...

LES DAMES D'HONNEUR.
Ah!..

LE GÉNÉRAL.
Pupilles de la garde, le chef de bataillon qui vous est choisi par l'Empereur est le capitaine de Pampelune...

PAMPELUNE.
Chef de bataillon... Ça m'est bien égal !

M<sup>me</sup> DE CARPENTRAS, criant.
Vive l'Empereur !

PAMPELUNE, bas.
Taisez-vous donc, Madame... vous m'affichez...

MARTIAL, bas, à Gilbert qui le pousse.
Ne fais donc pas des bêtises... ma marraine me regarde...

M<sup>me</sup> DE CARPENTRAS, bas, à Pampelune.
Quand m'épousez-vous ?..

PAMPELUNE, avec humeur et tournant les talons.
Quand je serai général. Vous ne m'aurez plus qu'à ce prix-là.

LE GÉNÉRAL, à Bastingard et Pampelune.
Messieurs, j'ai ordre de vous présenter à l'Impératrice. (Aux pupilles.) Pupilles de la garde, attendez ici le retour de vos officiers. (Aux dames.) L'Impératrice vient de rentrer au château, et Sa Majesté attend ses dames d'honneur.

M<sup>me</sup> DE CARPENTRAS, bas, à Pampelune.
Jules, je vous ferai casser !

LE SERGENT, à demi-voix, pendant le chœur.
Portez, armes !.. Par le flanc droit... et le flanc gauche... Droite... Gauche... Marche... Halte!.. Front!..

ENSEMBLE,
Air d'Adam.

LES DAMES D'HONNEUR, BASTINGARD, etc.
A son devoir fidèle,
Chacun doit obéir ;
Pour nous c'est un plaisir
De prouver notre zèle ;
Nous avons le désir,
Et sur-le-champ il faut partir.

LES PUPILLES.
A son devoir fidèle,
Chacun doit obéir ;
C'est toujours un plaisir.
Ils vont prouver leur zèle ;
C'est leur plus cher désir,
Et sur-le-champ ils vont partir.

(Le général, l'état-major, Bastingard et Pampelune se rangent pour laisser passer les dames d'honneur qui sortent par le fond en regardant les pupilles qui, de leur côté, ne les perdent pas des yeux.)

LE SERGENT, après la sortie de l'état-major et des dames d'honneur.
Reposez vos armes !.. Rompez vos rangs !.. Marche !

LES PUPILLES, courant à la débandade.
Bravo !..

(Ils placent leurs fusils à gauche, près d'une grande charmille.)

## SCENE VI.
TOUS LES PUPILLES.

ROGER.
Nous voilà donc soldats!

ALEXIS.
Nous avons été présentés à l'Impératrice.

GILBERT.
Sa Majesté m'a regardé... Il me semble que je suis plus grand.

MARTIAL.
Et moi, elle m'a tapé sur la joue...

ROGER.
Qu'est-ce que nous allons faire ici, en attendant le retour de nos officiers ?

ALEXIS.
Je propose une partie de cheval fondu.

TOUS.
C'est ça !

GILBERT.
L'ai-je bien entendu ?.. Des militaires... des troupiers... finis... s'amuseraient à la balle ou à saute-mouton...

MARTIAL.
N'avons-nous pas juré tout à l'heure de suivre l'exemple de la vieille garde !

GILBERT.
La garde impériale joue-t-elle au sabot ou à la toupie ?..

ROGER.
Parce qu'ils sont trop vieux, mais ils jouent à autre chose...

GILBERT.
Je ne connais pas encore assez les jeux dont ils se servent pour vous les indiquer, mais je m'en informerai, et nous nous y livrerons. Quant aux amusemens de l'enfance... fi donc !

MARTIAL.
Il a raison.

TOUS.
Oui... il a raison.

ALEXIS.
Alors, qu'est-ce que nous allons faire ?

MARTIAL.
Causons.

ROGER.
De quoi ?

GILBERT.
De nos batailles... à venir...

MARTIAL.
De nos amours...
ROGER.
Ah! ah!.. à venir, comme les batailles... Enfin, causons!..
(Ils se séparent, se promènent dans le fond, deux à deux, avec importance, puis disparaissent dans les allées et contre-allées.)
MARTIAL.
Gilbert, comment trouves-tu ma marraine?
GILBERT.
Moins jolie que ma sœur de lait... Ah! mon cher, je m'y connais!
MARTIAL.
Les retrouver ici, toutes deux, quel bonheur!
GILBERT.
Et sans son mari encore...
MARTIAL.
Son mari?
GILBERT.
Oui, M. de Briare, un gros, vilain, tout rouge, que j'ai vu la dernière fois que j'ai été chez ma petite sœur, il y a deux ans. Il a la goutte partout, à ce qu'on dit.
MARTIAL.
C'est gentil... dans le genre de celui de ma marraine...
GILBERT.
Elle en a un?..
MARTIAL.
Hélas!.. oui... que je connais... J'ai été à sa noce il y a quinze mois... Un grand sec... vilain aussi... avec de grosses moustaches comme celles que nous aurons... Il m'a appelé mon petit ami, m'a dit que ma marraine prendrait soin de moi, viendrait me voir, et elle n'est jamais venu...
(Ici les pupilles rentrent et commencent à s'exercer à différens jeux; les uns sautent à la corde, les autres jouent au bilboquet, à la balle, à la toupie, etc. Un jeu de grande corde s'établit dans le fond, et tour-à-tour des pupilles y prennent place pour sauter.)
GILBERT.
Juste comme le gros goutteux qui faisait la grimace quand ma petite sœur m'embrassait, qui m'a engagé à venir dîner chez lui, et toutes les fois que j'y suis allé, le suisse m'a mis à la porte...
MARTIAL.
Est-ce qu'un mari peut empêcher une marraine de causer avec son filleul.
GILBERT.
Et une sœur de lait avec son... quand on est lié depuis si long-temps, qu'on a pris ses repas ensemble... au même endroit...
MARTIAL.
Maintenant, si leurs époux ne sont pas contens, ils n'ont qu'à le dire, nous sommes là.
GILBERT.
Certainement... un homme vaut un homme...
MARTIAL.
Et nous en sommes... des hommes!
MARTIAL, à un pupille.
Ah! qu'il est maladroit... il me lance sa toupie dans les jambes... Donne-moi donc ça...
(Il lui prend la toupie et la corde.)

GILBERT, à un autre.
Et celui-là, est-il bête?.. il ne sait pas seulement faire un double tour... (Lui prenant la corde.) Donne-moi donc ça?

CHŒUR.
Air de Clapisson.

TOUS.
Amusons-nous, le moment est propice,
Et le temps fuit avec rapidité.
Nous reprendrons bientôt notre service,
Usons de notre liberté.
MARTIAL, lançant la toupie.
La toupie, à moi, c'est mon lot;
Regardez, je me mets à l'œuvre.
GILBERT, sautant à la corde.
Messieurs, voyez donc la manœuvre.
TOUS.
Très bien! très bien! Bravo, bravo!
REPRISE.
Amusons-nous, etc., etc.

(En ce moment arrivent, par le fond, les dames d'honneur, M$^{me}$ de Carpentas en tête; elle entre vivement et s'embarrasse dans la grande corde que l'on fait tourner au fond. Éclats de rire des autres dames. Embarras des pupilles de se voir surpris se livrant à des jeux d'enfans.)

## SCÈNE VII.

LES MÊMES, LES DAMES D'HONNEUR, excepté LA MARQUISE.

TOUTES, riant.
Ah! ah! ah!
MARTIAL.
Nous sommes pris!
GILBERT.
Est-ce humiliant, à notre âge!
MARTIAL, aux autres qui ramassent leurs toupies.
Voulez-vous cacher tout ça!..
M$^{me}$ DE BRIARE.
Continuez, mes petits amis... Les dames d'honneur de l'Impératrice seraient désolées de troubler les plaisirs des pupilles de la garde...
GILBERT, à Martial.
Dis donc, ma sœur de lait est dame d'honneur.
MARTIAL, à part, en soupirant.
Ma marraine n'est pas venue...
M$^{me}$ DE CARPENTRAS.
Mais continuons donc, petits; nous serons de la partie... Qu'est-ce qui veut jouer aux jeux innocens avec moi?..
LES PUPILLES, se sauvant à droite.
Pas moi, pas moi!
M$^{me}$ DE CARPENTRAS, les poursuivant.
Je suis très forte aux jeux innocens...
M$^{me}$ DE BRIARE.
Songez donc, M$^{me}$ de Carpentas, que l'Impératrice va se rendre à la chapelle, et que nous ne pouvons nous arrêter qu'un moment. Mes-

## ACTE I, SCÈNE VIII.

sieurs, nous avons pris par ces jardins pour vous voir et vous complimenter sur votre magnifique tenue. (A Gilbert.) Eh bien! Gilbert... est-ce que tu ne reconnais pas ta petite sœur?..

GILBERT, s'élançant vers elle.
Oh! ma bonne petite Palmyre!

M<sup>me</sup> DE BRIARE.
C'est qu'ils sont tous très gentils!

M<sup>me</sup> DE CARPENTRAS.
C'est-à-dire... qu'à la fête de l'Être suprême on les aurait mis en amours. (Voyant Martial.) Ah! celui-là surtout. (Voulant l'embrasser.) Petit chérubin.

MARTIAL, se baissant pour esquiver le baiser.
Pardon, Madame. (A part.) Elle n'a pas daigné venir. (Il s'éloigne.)

M<sup>me</sup> DE CARPENTRAS.
Oh! le petit sauvage!

M<sup>me</sup> DE BRIARE.
Regardez donc, Mesdames, comme Gilbert est gentil en uniforme... C'est un régiment à mettre sous verre.

M<sup>me</sup> DE BRIARE.
Mais comment peux-tu porter un fusil?

M<sup>me</sup> DE CARPENTRAS.
C'est un joujou, une plume... (A Martial.) Prêtez-moi donc votre fusil, mon petit bonhomme?..

MARTIAL, sans l'entendre et s'éloignant d'elle.
Elle ne viendra pas!

M<sup>me</sup> DE CARPENTRAS, à part.
Ah! qu'il est mal élevé, ce polisson-là... J'aime bien mieux ceux-ci...
(Elle va de pupille en pupille pour les cajoler, mais chacun d'eux l'évite et lui tourne le dos.)

GILBERT.
Dites donc, petite sœur... et votre mari... a-t-il toujours la goutte?..

M<sup>me</sup> DE BRIARE.
Bien plus fort qu'autrefois.

GILBERT.
Ah! tant mieux!

M<sup>me</sup> DE BRIARE.
Comment, Monsieur?

GILBERT.
Non... pardon... je voulais dire...

M<sup>me</sup> DE CARPENTRAS, vexée d'avoir été mal reçue par tous les pupilles.
Mesdames, il est dix heures; l'Impératrice peut nous attendre... et j'espère que vous ne resterez pas... plus long-temps ici à jouer à la poupée...

GILBERT.
Hein?..

M<sup>me</sup> DE BRIARE.
Elle a raison; il faut partir...

GILBERT.
Déjà?

M<sup>me</sup> BRIARE.
Nous nous reverrons.
(Elle lui tend la main. Gilbert la baise avec ardeur.)

MARTIAL, à part, regardant Gilbert.
Est-il heureux, lui!

M<sup>me</sup> DE BRIARE, à part.
Il a beaucoup gagné.

M<sup>me</sup> DE BRIARE, remettant à Gilbert un petit paquet recouvert d'un papier bleu.
Ah!.. Gilbert... tiens...

GILBERT.
Un cadeau!

M<sup>me</sup> BRIARE.
Silence... c'est pour toi.
(Les autres dames d'honneur, à l'exception de M<sup>me</sup> de Carpentras, en font autant que M<sup>me</sup> de Briare à l'égard des autres pupilles.)

LES PUPILLES, étonnés.
Ah!

M<sup>me</sup> DE CARPENTRAS, qui était remontée vers le fond.
Eh bien! Mesdames, venez-vous?

M<sup>me</sup> DE BRIARE, à M<sup>me</sup> de Carpentras.
Ils sont charmans!

M<sup>me</sup> DE CARPENTRAS.
Laissez donc... je ne connais rien d'insignifiant comme les petits garçons... Quels enfans désagréables... ils sont tous très laids...

ENSEMBLE.

Air de Pizzicato.

LES DAMES D'HONNEUR.
Partons, allons à la chapelle,
Il le faut, loin d'ici, l'heure nous appelle;
Rendons-nous à notre devoir.
Adieu donc, ou plutôt disons : Au revoir.

LES PUPILLES.
Partez, allez à la chapelle,
Il le faut, loin d'ici l'heure vous appelle;
Rendez-vous à votre devoir.
Adieu donc, ou plutôt dites : Au revoir.

(Les pupilles, qui se sont rangés à droite, portent tous la main au shako pour saluer les dames d'honneur, qui sortent par le fond en leur faisant des signes d'amitié.)

## SCÈNE VIII.

LES PUPILLES, puis PAMPELUNE.

GILBERT, se carrant.
Elles sont subjuguées!..

ROGER.
Elles sont folles de nous!

GILBERT.
Nous coupons l'herbe sous le pied à la garde impériale!..

MARTIAL.
Mais qu'ont-elles pu vous donner?

GILBERT, avec indifférence.
Que sais-je... des lettres... des poulets... des rendez-vous... quelque gage d'amour... Les femmes sont si drôles!..

PAMPELUNE, au-dehors.
Aux armes!... aux armes!..

GILBERT.
Voici le commandant... vite, dans nos shakos!..

(Ils y mettent les présens des dames d'honneur. Roulement de tambours pendant lequel ils reprennent

leurs fusils et se rangent à gauche sur deux lignes. Pampelune entre.)
LE SERGENT.
Portez... armes !..
ROGER, à part, remuant la tête.
Oh ! comme c'est lourd !
GILBERT, de même.
Ça ballotte dans mon shako.
PAMPELUNE, à part.
Mais qu'est-ce qu'ils ont donc à tortiller de la tête comme ça... (Haut.) Soldats, d'après les ordres de l'Impératrice, les appartemens du château de Saint-Cloud seront gardés pendant une heure par la 1re compagnie du régiment des pupilles de la garde !
LE SERGENT.
Armes... bras !
TOUS.
Ah !
GILBERT.
Quel honneur !
MARTIAL.
Garder l'Empereur !..
GILBERT.
Nous en sommes, parbleu ! bien capables !
(Leurs shakos les gênent, ils remuent tous la tête.)
PAMPELUNE, les regardant.
Décidément... c'est un torticolis. (Haut.) Martial... en faction.
(Le caporal vient prendre Martial, et le place, au fond, en sentinelle.)
PAMPELUNE.
Serrez les rangs !.. Garde à vous !.. Peloton... portez armes !.. Par le flanc droit... droite... Par file à gauche !.. Pas accéléré !.. Marche !.. Armes bras !..
(Ils sortent par le fond, en défilant devant la rampe.)

## SCÈNE IX.

MARTIAL, seul.

Elles étaient là toutes... excepté une, et c'était celle-là qui devait arriver la première... une marraine !... Oh ! c'est horrible ! c'est à en pleurer de rage et de colère... Pleurer, un militaire !.. Oh !.. si on me voyait... je serais déshonoré...
(La marquise d'Andresy entre par le fond à droite, regarde de tous côtés avec inquiétude, et plus tranquille s'avance vers Martial.)
MARTIAL, sans la reconnaître, croisant son fusil.
On ne passe pas !
LA MARQUISE.
Je respecterai votre consigne, M. le factionnaire.
MARTIAL, la reconnaissant.
Elle !.. On passe.

## SCÈNE X.

MARTIAL, LA MARQUISE.

LA MARQUISE, riant.
J'ai prétexté un malaise subit pour ne pas accompagner l'Impératrice à la chapelle, et... Qu'as-tu donc ?...
MARTIAL, sans quitter son fusil.
Ah ! la surprise... le bonheur de vous voir... je ne peux plus respirer... j'étouffe... je...
(Il chancelle.)
LA MARQUISE.
Ah ! mon Dieu ! il se trouve mal... Je vais...
(Elle va pour sortir.)
MARTIAL.
Oh !.. restez, ma marraine... Vous voir, vous entendre, c'est le bonheur, c'est la vie ? Tenez, je me sens bien, tout-à-fait bien... Ne vous en allez pas.
LA MARQUISE, le regardant.
Est-il changé depuis dix-huit mois !..
MARTIAL.
J'ai grandi... n'est-ce pas ?..
LA MARQUISE.
Enormément... de trois lignes au moins.
MARTIAL.
Ecoutez donc, ma marraine... j'ai bientôt seize ans.
LA MARQUISE.
Déjà !.. Comme ça me vieillit...
MARTIAL.
Oh !..
LA MARQUISE.
J'ai deux ans de plus que toi.
MARTIAL.
Deux ans... pas davantage ?
LA MARQUISE.
C'est bien assez.
MARTIAL.
Quel bonheur !
LA MARQUISE.
Plaît-il ?
MARTIAL.
Je ne sais pas pourquoi !.. mais ça me fait plaisir que nous soyons à peu près du même âge.
LA MARQUISE.
Oh !.. la différence est énorme !
MARTIAL.
Vous croyez ?
LA MARQUISE.
Certainement !
MARTIAL.
C'est singulier... en vous voyant, en causant avec vous... il me semble que non...
LA MARQUISE.
La conversation des personnes raisonnables produit toujours cet effet-là... on se croit de leur âge... Ah ! si tu étais avec tes camarades, tu jouerais... tu...
MARTIAL.
Ma marraine !..
LA MARQUISE.
Comme ce matin... on me l'a dit...

MARTIAL.

Ce matin... oui... c'est possible... mais maintenant... je sens là que c'est fini.

LA MARQUISE, étonnée.

Vraiment!.. ah!... Moi qui croyais te voir... tapageur, méchant, mauvais sujet... c'est vilain, mais c'est gentil... je te trouve grave, sérieux, triste même... Martial, fais-y attention, tu as l'air d'un conscrit... et si ton vieux grognard de père te voyait...

MARTIAL, mettant bas son arme.

Air : Soldat français.

Mon pauvre père, il ne me verra plus!

LA MARQUISE, souriant.

Qu'as-tu donc fait? dis, quelque faute énorme? Mais calme-toi...

MARTIAL.

Vos soins sont superflus...

LA MARQUISE, étonnée.

Comment? réponds...

MARTIAL.

Voyez mon uniforme.
Et l'Empereur...

LA MARQUISE, inquiète.

Eh bien?..

MARTIAL.

N'accorde, hélas!
Cet habit-là qu'en pleurant, je regarde,
Qu'aux orphelins, aux fils de ses soldats
Tombés mourans au milieu des combats.
Je suis pupille de la garde!

LA MARQUISE.

Pauvre enfant!.. seul au monde... Mais je suis là, moi... et je veux être ta mère... oui, ta seconde mère...

MARTIAL.

Vous...

LA MARQUISE.

Certainement... je serai heureuse de veiller sur toi... et puis ça m'amusera... je te ferai devenir officier... tu auras des épaulettes... ça t'ira bien... avec des moustaches.

MARTIAL.

Oh! oui... des moustaches... pas grises... comme celles de votre mari...

LA MARQUISE, tristement.

Martial!

MARTIAL.

Comment?

LA MARQUISE.

Je suis veuve!..

MARTIAL.

Quel bonheur!

LA MARQUISE.

Ah! monsieur!

MARTIAL.

Pardonnez, ma marraine, mais... en apprenant que vous... aussi... vous étiez comme moi... seule au monde... vous qui voulez être tout pour moi... je me disais : « Pourquoi ne serais-je pas la même chose... pour elle?..

LA MARQUISE, riant.

Au fait, pourquoi pas!.. Tu seras mon cavalier, mon petit mari, comme autrefois.

MARTIAL.

Comme autrefois... autrefois vous étiez ma petite femme?

LA MARQUISE.

Certainement... et je t'embrassais quand tu étais bien sage... tiens, comme à présent.

(Elle lui prend la tête et l'embrasse sur le front.)

MARTIAL.

Air de Téniers.

Ciel! un baiser...

LA MARQUISE.

Tu te soutiens à peine...
Mais qu'as-tu donc? dis-moi la vérité,
Souffrirais-tu?..

MARTIAL.

Moi, du tout, ma marraine,
Je ne me suis jamais si bien porté.
(A part.)
C'est singulier, d'où vient donc que je tremble?
Et ce baiser qui vient de m'émouvoir,
J'aurais aimé cent fois mieux, il me semble,
Le donner que le recevoir.

LA MARQUISE.

Surtout, Martial, ne dis à personne que je suis venue...

MARTIAL, à part.

Ah!

LA MARQUISE.

Si l'Impératrice apprenait!.. Mais il faut que je rentre dans les appartemens. Au revoir, à bientôt... Ah! j'ai apporté...

MARTIAL.

Quoi?

LA MARQUISE.

Pour toi... un petit présent... un souvenir...

MARTIAL, à part.

Comme les autres!

LA MARQUISE.

Mais, maintenant, je ne sais vraiment si je dois...

MARTIAL.

Ah! donnez, donnez, ma marraine!

LA MARQUISE.

Tiens!.. J'entends du bruit... On vient... Ah! qu'on ne le voie pas.

MARTIAL, tendant son shako.

Tenez, ma marraine. (La marquise y dépose un petit paquet et s'enfuit.) Toujours comme les autres!.. Oh! elle m'aime donc!

(Le caporal vient, accompagné d'un autre pupille, et relève Martial de sa faction.)

~~~~~~~~~~~~~~~~~~~~~~~~~~~~~~~~~~~~~~~~~~~

## SCÈNE XI.

MARTIAL, PAMPELUNE, puis LES PUPILLES.

(Les Pupilles entrent tous avec agitation.)

PAMPELUNE, entrant en riant.

C'est drôlet... c'est très drôlet!..

ROGER.

C'est une horreur!

ALEXIS.
Quelle humiliation!

GILBERT.
Nous serons la fable du château.

MARTIAL, descendant la scène.
Qu'y a-t-il donc?

GILBERT.
Rien, une plaisanterie... Riez donc, M. le commandant.

PAMPELUNE.
Vous le voyez, je m'en donne.

GILBERT, éclatant.
Il y a, qu'en sortant d'ici, pour être mis en sentinelles...

ROGER.
Nous avons rencontré les officiers de l'état-major...

GILBERT.
Vous ne savez pas, Messieurs, disaient les uns, les pupilles de la garde ont déjà des intelligences avec les dames d'honneur... On assure, ajoutaient les autres, que ces dames ont été leur rendre visite.

PAMPELUNE.
Le fait est que le bruit s'en était répandu.

GILBERT.
Chacun de nous, en silence, était heureux et fier de garder son secret... quand les plaisanteries et les sarcasmes nous firent pâlir et trembler de colère... Je ne sais comment cela se fit, mais je me trouvai hors des rangs.

MARTIAL.
Quoi?..

GILBERT.
Ah! j'ignore ce que j'ai fait, ce que j'ai dit... mais un éclat de rire accueillit mes paroles... et les mots de fanfarons... enfans... vinrent frapper mon oreille! Soit, donc, m'écriai-je : des enfans... mais qui aujourd'hui, du moins, l'ont emporté sur des hommes... et tous, alors, nous ôtons nos shakos pour montrer ce que nous pensions être... des gages d'amitié, d'intérêt, offerts par ces dames, et nous en tirons... moi, une boîte de pralines... (Il la montre.)

ROGER, montrant une autre boîte.
Des pastilles de chocolat.

ALEXIS.
Les fruits confits.

PAMPELUNE, riant.
C'est de très bon goût.

MARTIAL, réprimant une envie de rire.
Pauvres amis...

GILBERT.
Confus, rouges de honte et de colère... nous avons fui, emportant sans nous en apercevoir les présens des dames d'honneur de Sa Majesté l'Impératrice.

PAMPELUNE.
Et vous avez bien fait... c'est très bon! Quand j'étais petit, je croquais beaucoup de ces choses-là!..

MARTIAL, riant à moitié.
Le fait est que c'est très mal...

GILBERT.
On dirait qu'il se moque de nous.

ROGER.
Si pareille chose lui était arrivée!..

PAMPELUNE.
Il mangerait tranquillement ses pralines... et il en offrirait à ses officiers supérieurs. (A part.) Je leur glisse ça en passant... je les aime, moi!
(En disant cela, il est passé à l'extrême droite.)

MARTIAL.
Je doute, Messieurs, que l'on m'eût traité comme vous.

GILBERT.
Peut-être plus mal!

MARTIAL.
Ça serait difficile...

GILBERT.
Et si ta marraine, cette belle marquise... eût pensé que tu valusses la peine qu'elle se dérangeât... elle t'aurait donné...

MARTIAL, vivement.
Rien d'indigne d'elle et de moi, son filleul, son ami... qu'elle veut faire officier.

TOUS.
Elle est donc venue?

GILBERT.
Et elle t'a laissé un présent?

MARTIAL, fièrement.
Oui, que j'ai là... et sans votre arrivée...

GILBERT.
Et c'est...

MARTIAL.
Un souvenir que je ne toucherai qu'avec respect, avec bonheur, avec amour... et ce souvenir, c'est...
(Il ôte son shako et en retire une boîte qu'il ouvre.)

GILBERT, regardant.
De la marmelade d'abricots!

TOUS, éclatant de rire.
Ah! ah! ah!

MARTIAL, avec douleur.
Ah! ma marraine!

PAMPELUNE, à part.
De la marmelade d'abricots, avec des petites amandes dessus!..

GILBERT.
De la marmelade d'abricots!.. comme à une demoiselle.

ROGER.
Nous avons eu des bonbons, au moins... nous.

GILBERT.
Et les hommes on mangent... j'en ai vu.

PAMPELUNE.
Et il y en a qui les aiment beaucoup. (A part.) Ils ne comprennent pas.

GILBERT.
A présent, qu'on plaisante tant qu'on voudra, ça m'est égal, nous y avons tous passé.

ROGER.
C'est affreux! nous jouer un tour pareil!..

GILBERT.
Air de l'Apothicaire.
Nous traiter en vrais gringalets!

MARTIAL.
Quelle leçon!

PAMPELUNE, riant.
Quelle satire!

GILBERT.
Pour couper court aux quolibets,
Je crois que le mieux est d'en rire !
Mais quant à celle que j'aimais,
Ce cœur blessé, qu'elle abandonne,
Ne lui pardonnera jamais.

MARTIAL, à part.
Et moi, mon Dieu ! je lui pardonne,

GILBERT.
Je la déteste et je la hais !

MARTIAL, à part.
Moi, je sens que je lui pardonne.

ROGER.
Ah ! je suis d'une fureur !.. Je vais toujours manger mon chocolat.

ALEXIS.
Et moi, mes fruits confits.

PAMPELUNE, prenant le milieu.
C'est ça, dévorez votre affront... (Prenant des bonbons dans les boîtes des pupilles.) Dévorons !.. Ah ! ah ! la vanité punie... il ne faut jamais faire blanc de son épée... (Mangeant une sucrerie.) C'est excellent, ça ! Donne-m'en encore... C'est qu'à les entendre... ils avaient déjà conquis, ils nous supplantaient, nous autres verds-galans... Ah ! ah ! ah ! ces dames ont eu bien raison de...

BASTINGARD, qui entre par le fond sur les derniers mots.
Elles ont eu tort, Monsieur !
(Pampelune, qui allait porter à sa bouche un dernier bonbon, s'arrête aussitôt et le garde dans sa main.)

●●●●●●●●●●●●●●●●●●●●●●●●●●●●●●●●●●●●●●●

## SCÈNE XII.

LES MÊMES, BASTINGARD.

TOUS.
Le colonel !

BASTINGARD.
Et si ces dames avaient envie de se divertir, n'y a-t-il pas ici assez de gens ridicules... sans aller faire choix des pupilles de la garde !

PAMPELUNE.
Oh ! des enfans...

BASTINGARD.
A leur âge, Monsieur, j'étais volontaire de la république, je me battais pour mon pays... j'étais un homme.

PAMPELUNE, à part.
Moi, j'expliquais l'*Epitome historiæ græcæ.*

BASTINGARD.
Des enfans, qui bientôt compteront seize années... Martial, Gilbert et tant d'autres, qui un jour, demain peut-être, tomberont sur un champ de bataille pour la défense de la patrie.

TOUS.
Oui, oui...

BASTINGARD.
Oh ! si, quand j'avais leur âge, une femme s'était ainsi moquée de moi, je l'aurais...

TOUS.
Quoi ?

BASTINGARD, froidement.
Rien.

PAMPELUNE.
Mais colonel, des dames d'honneur !

BASTINGARD.
Eh ! morbleu !.. eussent-elles été princesses.

TOUS.
Vraiment ?

PAMPELUNE, à part.
Mais il leur donne d'horribles conseils !

BASTINGARD.
Quand j'aurais dû me faire fusiller... et ça a manqué de m'arriver quatre fois.

TOUS.
Ah !

PAMPELUNE, à part.
Oh ! il va en faire d'abominables mauvais sujets. (Haut.) Vous avez dû diablement compromettre vos supérieurs, par exemple...

BASTINGARD.
Jamais !.. Je réparais mes fautes, ou je m'arrangeais toujours pour en être seul responsable...

GILBERT, à Martial.
Il avait du bon, le colonel...

BASTINGARD.
Mais les pupilles de la garde sont mes enfans ; ils profiteront de mon expérience... Je les aiderai de mes conseils...

PAMPELUNE, à part.
Ils sont gentils tes conseils.

BASTINGARD.
J'en ferai les premiers soldats du monde.

PAMPELUNE, à part.
Il en fera des petits bandits !

BASTINGARD.
Et je ne souffrirai pas qu'on les insulte !

TOUS.
Ah !

BASTINGARD.
Les rieurs auront affaire à moi, et le premier qui me tombera sous la main... (A Pampelune.) Mais vous en étiez, vous... des rieurs.

PAMPELUNE, mâchonnant son dernier bonbon.
Ah ! très peu.

BASTINGARD.
C'est mal, très mal... Vous me faites la grimace.

PAMPELUNE.
Colonel !

BASTINGARD.
Vous dites ?

PAMPELUNE.
Rien !..

BASTINGARD.
J'en ai donc menti.

PAMPELUNE.
Oh !

BASTINGARD.
Vous m'en rendrez raison.

MARTIAL, se jetant entre eux.
Colonel !

GILBERT, de même.
Commandant !..

PAMPELUNE.
Comme vous voudrez, au fait... C'est vrai, je

croque un petit bonbon, et il dit que je lui fais la grimace...

UN OFFICIER, entrant par le fond.

Sa Majesté, avant de quitter le château, attend les officiers des pupilles de la garde pour leur communiquer ses derniers ordres.

BASTINGARD.

Nous nous rendons auprès de Sa Majesté... (L'Officier se retire. A Pampelune.) Vous avez la tête trop chaude, commandant; vous alliez donner un mauvais exemple à ces enfans.

PAMPELUNE.

Moi...

BASTINGARD.

Vous avez eu tort... J'accepte vos excuses... j'oublie votre conduite.

PAMPELUNE, à part.

Voilà qui est fort !

BASTINGARD, haut.

Venez, M. de Pampelune.

(Il sort avec le commandant par le fond.)

## SCÈNE XIII.

### LES PUPILLES, seuls.

(Martial et Gilbert, vers la fin de la scène précédente, ont été dans un coin à gauche, et ont écrit un billet tout en causant à voix basse.)

MARTIAL, à Gilbert.

Est-ce bien ?

GILBERT.

Superbe !

MARTIAL.

Alors... (Criant.) Un homme de bonne volonté !

TOUS, s'avançant.

Voilà !

MARTIAL.

Le premier venu... Roger... glisse-toi... faufile-toi... remets ce billet aux dames d'honneur, et rapporte-nous la réponse.

ROGER, s'éloignant à gauche.

C'est dit...

ALEXIS.

Aux dames d'honneur... une lettre.

TOUS.

Q'est-ce que c'est ?

MARTIAL.

Notre vengeance !

TOUS.

Nous nous vengerons !

MARTIAL.

Oh ! oui... mais noblement... en troupiers français !... Nous annonçons d'abord à ces dames que nous n'avons pas mangé leurs sucreries.

TOUS.

Très bien !

GILBERT.

Mais que nous les gardons... pour nos enfans... quand nous en aurons.

MARTIAL.

Que nous ne voulons rien leur devoir, et que, pour nous acquitter envers elles, nous les invitons toutes à un bal !

TOUS.

A un bal !

GILBERT.

Que nous donnons... aujourd'hui... ce soir... à Versailles... à la caserne...

MARTIAL.

A l'instar du bal donné dernièrement par la garde impériale...

ALEXIS.

Auquel elles sont toutes allées...

MARTIAL.

Vous nous avez offert des bonbons, Mesdames... eh bien ! nous vous offrirons un punch... et au rhum !...

GILBERT.

Champagne... échaudés, grand orchestre... illumination générale en verres de couleur... tout ce qu'il y aura de plus grand en tralala !

ALEXIS.

Mais qu'est-ce qui paiera tout ça ?..

TOUS.

Ah !

GILBERT.

A propos !..

MARTIAL.

Nous, Messieurs !..

GILBERT.

Avec quoi ?

MARTIAL.

Avec notre solde ! (Prenant son shako et faisant le tour des pupilles.) Allons, Messieurs, cotisons-nous, mettons à la masse...

TOUS, jetant de l'argent.

Voilà... voilà...

GILBERT.

Que celui qui n'a pas donné lève la main. (A Martial.) Combien y a-t-il ?

MARTIAL, après avoir compté.

Cent quatre sous !

TOUS.

Ah !

GILBERT.

Donnez donc un bal, un peu propre, avec cent quatre sous !... Bah !.. achetons toujours...

MARTIAL.

Et paiera ?..

GILBERT.

Qui pourra...

TOUS.

Des dettes !..

MARTIAL.

Air du Baiser au porteur.

Y penses-tu?.. Gilbert?.. un tel langage...

GILBERT.

Ne perdons pas notre temps en discours,
Le colonel, quand il avait notre âge,
N'a-t-il pas dit ce qu'il faisait toujours?
Le colonel faisait bien d'autres tours.
Nous sommes en retard, je pense,
De l'imiter il faut nous occuper.
Comme sur nous il a beaucoup d'avance,
Tâchons tous de le rattraper.

ROGER, entrant par le fond.

Me voilà !

TOUS.

Ah !

GILBERT.
Eh bien!.. et les dames d'honneur?..
ROGER.
Se disposaient à partir pour Versailles, afin d'aller y attendre l'Impératrice, qui doit s'y rendre demain, de grand matin.
MARTIAL.
Mais ces dames... elles ont lu notre lettre...
ROGER.
Et elles se sont toutes mises à rire.
MARTIAL.
Mais la réponse?
ROGER.
La voici.
GILBERT.
Donne. (Lisant le billet:) « Blancs-becs... »
TOUS, avec indignation.
Oh! blancs-becs!..
GILBERT.
»Grandissez, afin de pouvoir atteindre la taille »de vos danseuses, et, alors, vous donnerez des »bals! Signé baronne de Carpentras. »
TOUS.
Ah!..
GILBERT.
Une nouvelle insulte!
MARTIAL.
Elles nous méprisent!

## SCÈNE XIV.

LES MÊMES, UN DOMESTIQUE.

LE DOMESTIQUE, paraissant au fond et s'adressant à deux courriers.
Bien, Messieurs, cela suffit. Je vais prévenir les dames d'honneur que les équipages sont prêts, et qu'elles peuvent monter en voiture.
(Les courriers sortent par la gauche, et le domestique par la droite.)
ROGER, au fond.
Qui donc est là?..
ALEXIS.
Ce sont les deux courriers qui doivent conduire à Versailles les carrosses des dames d'honneur.
ROGER.
Notre vengeance nous échappe...
GILBERT.
Adieu notre bal... elles n'y viendront pas!
MARTIAL, fortement.
Elles y viendront!
TOUS.
Comment?
MARTIAL.
Silence... Gilbert, suis-moi, et, avec nous deux, gaillards solides...
GILBERT.
Voilà!
MARTIAL.
De l'audace et du poignet... Vous autres, faites le guet... Et écoutez-bien: Marche forcée jusqu'à Versailles, préparez tout en secret pour la fête. Voici les écus, les cent quatre sous...
GILBERT.
Je comprends tout.

ROGER.
Qu'allez-vous faire?
GILBERT.
Enlever les dames d'honneur de S. M. l'Impératrice...
ROGER.
Et les conduire...
MARTIAL.
A la caserne!
GILBERT.
A Versailles!
GILBERT et LES DEUX AUTRES.
En avant!
(Musique en sourdine jusqu'au chœur. Martial, Gilbert et les deux pupilles s'élancent par le fond à gauche et disparaissent. La moitié des pupilles fait le guet, l'autre moitié regarde ce que font au dehors Martial et les deux autres.)
ROGER.
Ah! ils s'élancent sur les courriers...
ALEXIS.
Ils les bâillonnent!.. ils s'emparent de leurs habits.
ROGER.
Ils les mettent... et ils fourrent les courriers dans la serre.
ALEXIS.
Bravo! bravo! On ne les retrouvera que ce soir, en faisant la ronde.
(Roulement. Les deux pupilles qui sont sortis avec Martial et Gilbert reviennent et se mêlent à leurs camarades. Tous se rangent à gauche et se mettent sous les armes.)

## SCÈNE XV.

LES MÊMES, LES DAMES D'HONNEUR, BASTINGARD et PAMPELUNE, arrivant par le fond.

CHŒUR.

Air de Piadella.

Du palais il faut qu'on s'en aille,
Nous allons quitter ce séjour,
Car c'est au château de Versailles,
Que doit se rassembler la cour.

M<sup>me</sup> DE CARPENTRAS.
Ah! le colonel Bastingard!
BASTINGARD.
Qui vous fait ses adieux, Mesdames.
M<sup>me</sup> DE BRIARE, à Bastingard.
Vous partez, colonel?
BASTINGARD.
Je reconduis mon régiment à la caserne... à Versailles...
LA MARQUISE.
Et nous, mon oncle, nous nous rendons au château.
PAMPELUNE, à part.
Caroline à Versailles!.. Corbleu! je ne sortirai pas de la caserne.
BASTINGARD, aux pupilles.
Garde à vous!.. Peloton... portez armes!
LE DOMESTIQUE, s'avançant vers le fond et criant.
Les courriers des dames d'honneur!..

Mᵐᵉ DE CARPENTRAS, aux dames d'honneur.
Partons-nous, Mesdames?

TOUTES.
Partons!

BASTINGARD.
Par le flanc droit... par file à gauche... pas accéléré... marche!.. Armes... bras!..

(Le tambour bat. Les pupilles défilent devant la rampe, précédés de Bastingard et de Pampelune. Les dames d'honneur sont sorties les premières. — A ce commandement : Armes... bras, le rideau baisse.)

FIN DU PREMIER ACTE.

## ACTE II.

L'Orangerie de Versailles arrangée en caserne. — A droite, premier plan, la porte principale ; du même côté, troisième plan, une autre porte au dessus de laquelle est écrit : DORTOIR. A gauche du premier plan, un petit pavillon : c'est le logement de Pampelune. A peu près au deuxième plan, du même côté, une petite porte pratiquée dans le mur qui fait suite aux bâtimens de l'Orangerie ; ce mur, qui se termine en rempart, doit avoir au plus deux mètres d'élévation à l'endroit où il touche au logement de Pampelune. Près de ce logement, deux chaises de jardin. Au fond, une double ligne d'orangers ; çà et là, des bancs de bois, etc. — Avant le lever du rideau, on entend battre la retraite.

### SCÈNE I.
BASTINGARD, PAMPELUNE, ROGER, ALEXIS, PUPILLES.

(Au lever du rideau, les pupilles, en petite tenue, astiquent leurs fournimens. Bastingard, assis à gauche, fume dans une grosse pipe. Pampelune, qui est également assis, reçoit en grimaçant la fumée que lui envoie Bastingard.)

BASTINGARD.
Courage! enfans... brossez ferme... Se mirer dans soi-même, voilà la devise du soldat français... Mais vous devez être fatigués ; de Saint-Cloud à l'orangerie de Versailles, il y a un bon bout de chemin pour des petites jambes comme les vôtres... la nuit approche... la retraite est sonnée, entrez tous dans vos dortoirs.

ROGER, bas, aux autres.
Compte là-dessus.

TOUS.
Oui, colonel!..

AIR : C'est dimanche.

Du courage
A l'ouvrage!
Chacun de nous se transforme.
Brossons bien,
N' laissons rien!
Astiquons notre uniforme,
C'est l'état
Du soldat!
En un moment,
Il est charmant,
Le fourniment
Du régiment!

(Les Pupilles entrent dans le dortoir, à l'exception de Roger et d'Alexis.)

ALEXIS, à Roger.
S'ils restent ici... comment faire?.. Les camarades qui vont arriver avec les dames d'honneur ; tout serait perdu.

ROGER, bas, à Alexis.
Dans cinq minutes, le colonel et le commandant seront loin d'ici.

ALEXIS.
Comment?

ROGER.
Tu vas voir...

BASTINGARD.
Bien, ma pipe est bouchée.
(Il se lève et laisse sa pipe sur la chaise.)

PAMPELUNE, à part.
Tant mieux! Je crois qu'il fait exprès de m'envoyer sa fumée... et l'odeur du tabac me prend sur les nerfs... ça m'agace.

LE CONCIERGE, arrivant par le premier plan, à Bastingard.
Mon colonel...

BASTINGARD.
Qu'y a-t-il?

LE CONCIERGE.
Une lettre très pressée que l'on m'a recommandée...

BASTINGARD, la prenant.
Bien.

LE CONCIERGE.
M. de Pampelune.

PAMPELUNE.
Hein?

LE CONCIERGE.
Voici un billet qu'un nègre en grande livrée vient d'apporter pour vous.

PAMPELUNE, prenant la lettre.
Bah!
(Le concierge sort.)

ROGER, à part.
Enfin!

ALEXIS.
Qu'est-ce donc?

ROGER.
Silence!

PAMPELUNE, à part.
Je ne connais personne usant de nègre.

## ACTE II, SCÈNE II.

BASTINGARD, lisant.

« Un vieux camarade du colonel Bastingard vient d'avoir une querelle avec un habitant de cette ville... »

PAMPELUNE, flairant la lettre.

Oh! ça sent l'iris!

BASTINGARD, lisant.

« De passage à Versailles, il n'y connaît personne, et comme il lui faut absolument un témoin, il ose compter sur son ami Bastingard... A charge de revanche, bien entendu... » (Parlé.) Milzieux!.. est-ce que ça se demande?

PAMPELUNE, à part.

Des pattes de mouche!.. C'est d'une femme, bien sûr... qui s'est éprise de mes charmes... (Avec émotion.) Je tremble... je n'ose ouvrir.

BASTINGARD, lisant.

« A neuf heures, avenue de Versailles... avec des armes. Signé... » (Parlé.) Impossible de déchiffrer le nom... N'importe, un camarade, quel qu'il soit, ne se sera pas vainement adressé à moi... (Tirant sa montre.) Huit heures trente-cinq... rendons-nous à mon logement et prenons mes armes.

PAMPELUNE.

Vous vous retirez, colonel?

BASTINGARD.

Oui... Bonsoir. Vous qui logez ici, dans ce pavillon, je vous recommande la plus active surveillance.

(Il sort par le premier plan à droite.)

PAMPELUNE.

Soyez tranquille... Bonne nuit, colonel.

ROGER.

Et d'un!

ALEXIS.

Mais l'autre?

ROGER, bas.

Attends.

PAMPELUNE, qui a ouvert la lettre.

Qu'ai-je lu?.. (Lisant.) « A la pièce d'eau des Suisses, ce soir, à neuf heures, viendrez-vous?.. » (Parlé.) Si j'irai!.. Pas de signature... C'est une femme mariée... Encore une malheureuse!.. Ça fait la trente-troisième du mois, et nous ne sommes que le vingt-quatre... (Tirant sa montre.) Huit heures quarante... Je n'ai pas un instant à perdre... Mais la surveillance que m'a recommandée le colonel... Bath! ces petits bons hommes dorment du sommeil de l'innocence. Il fait un peu frais, mon manteau... non, pas de manteau, ça cacherait trop mes avantages; j'ai mon plus séduisant uniforme, ma culotte la plus collante... Allons faire le bonheur de ma belle inconnue!.. Heureux Pampelune! (En sortant.) A la pièce d'eau des Suisses...

(Il sort du même côté que Bastingard.)

## SCÈNE II.

ROGER, ALEXIS, puis les autres PUPILLES.

ROGER.

Enfoncé l'état-major!

ALEXIS.

Comment, les deux lettres...

ROGER, avec emphase et frappant sur son front.

Sortent de là!..

ALEXIS, surpris.

Ah!

ROGER.

Je m'étais chargé de les éloigner... j'espère que Martial et Gilbert seront contents de moi...

ALEXIS.

Et tu as osé...

ROGER.

Bah!.. dans son temps, le colonel en faisait bien d'autres, et ne sommes-nous pas ses élèves?..

ALEXIS.

Au fait, c'est vrai... Maintenant, nous voilà libres.

(On entend au dehors frapper trois coups dans la main.)

ALEXIS.

Qu'est-ce que c'est que ça? (Roger frappe aussi trois coups.) Que fais-tu?

ROGER.

C'est le signal convenu avec le restaurateur de la place d'armes, qui, moyennant cent quatre sous payés d'avance et sur ma signature, s'est chargé de fournir les provisions de bouche pour notre bal... Le concierge garde la grille; mais nous allons le faire entrer par cette petite porte, dont nous nous sommes procuré une double clé pour favoriser nos escapades nocturnes... Tu dois l'avoir, Alexis?

ALEXIS.

Eh! non, je l'ai donnée à Gilbert pour qu'il pût introduire ici les dames d'honneur.

ROGER.

En ce cas, je grimpe sur le mur... Toi, avertis les autres pour qu'ils viennent faire la chaîne, à l'assaut!..

(Il grimpe sur le mur près du logement de Pampelune, et s'y met à califourchon.)

ALEXIS, à la porte du dortoir.

Messieurs, Messieurs, faisons la chaîne!

Air de Pilati.

CHOEUR DES PUPILLES.

Soldats, allons,
Venez, dépêchons,
Introduisons
Nos provisions;
Que tout le monde
Ici nous seconde,
C'est le moment;
Soldats, en avant!

(Pendant ce chœur, les pupilles ont fait la chaîne et se sont passés de l'un à l'autre les paniers tant de vin que de comestibles que le traiteur a remis à Roger par-dessus le mur. Lorsque le chœur est fini, Roger tient encore un panier.)

ALEXIS, à Roger.

Eh bien! donne-nous donc le dernier panier?

ROGER, descendant du mur, le panier à son bras gauche.

Celui-ci, je le garde; ce sont les pâtisseries:

je vais m'assurer de la qualité des comestibles.
(Il prend un gâteau et le mange.)
ALEXIS.
Ah ça! et nous, et nous...
TOUS.
Veux-tu bien laisser ça!
(Ils poursuivent Roger et prennent chacun un gâteau dans son panier.)
ROGER, la bouche pleine.
Oh! les gourmands!.. Manger les gâteaux qui étaient réservés pour les dames... Tiens, il y en a encore un! (Il le mange.)
TOUS, en voyant entrer Gilbert.
Ah! voici Gilbert!
GILBERT, entrant par la petite porte.
Messieurs, notre vengeance a réussi: nos belles descendent de voiture. Soyons galans, et la main aux dames!..
(Il sort pour aller au-devant des dames d'honneur.)
ROGER, la bouche pleine.
Oui, oui, soyons galans, et la main aux dames... (A part.) Aïe! j'avale de travers!
(Gilbert reparaît donnant la main à M$^{me}$ de Briare. Martial a offert la sienne à la marquise; à chaque autre dame qui entre, un pupille s'empresse d'aller lui présenter la main. C'est Alexis qui est le cavalier de M$^{me}$ de Carpentras.)

## SCÈNE III.

LES MÊMES, toutes LES DAMES D'HONNEUR, MARTIAL et GILBERT, en uniforme.

ENSEMBLE.

Air : Il faut, ô contrainte cruelle!

LES DAMES D'HONNEUR.
Est-ce une erreur, une méprise?
Devons-nous en croire nos yeux?
Mon Dieu! quelle est notre surprise!
Où sommes-nous? quels sont ces lieux?

LES PUPILLES.
Voyez, voyez donc leur surprise
D'arriver ainsi dans ces lieux ;
Pour elles, c'est une méprise;
L'étonnement est dans leurs yeux.

M$^{me}$ DE BRIARE.
Où nous a-t-on conduites!
LA MARQUISE.
Où sommes-nous donc?
MARTIAL.
A la caserne!
LA MARQUISE.
Martial!
M$^{me}$ DE CARPENTRAS.
A la caserne... de qui?..
GILBERT.
Des pupilles de la garde.
TOUTES, surprises.
Ah!..
M$^{me}$ DE CARPENTRAS, riant.
Ah! ah! ah!.. mais quels sont donc les imbéciles qui nous ont conduites ici?..
GILBERT, montrant Martial.
Lui et moi.

M$^{me}$ DE CARPENTRAS.
Ah! ils faisaient les postillons... Comment, vous avez eu l'audace...
GILBERT.
D'enlever les dames d'honneur de Sa Majesté l'Impératrice,
LA MARQUISE.
Mais dans quelle intention?.. dans quel but?..
MARTIAL.
Mesdames, ce matin, nous vous avions adressé une invitation de bal... vous l'avez méprisée.... voilà pourquoi vous êtes à la caserne... à la caserne où nous sommes les maîtres et dont nous comptons vous faire les honneurs un peu plus courtoisement que vous ne nous avez fait à nous, ce matin, les honneurs du château de Saint-Cloud.
M$^{me}$ DE CARPENTRAS.
Ah! c'est tout-à-fait l'enlèvement des Sabines.
LA MARQUISE.
Ah! Martial, un pareil projet...
M$^{me}$ DE CARPENTRAS.
Je vous ordonne de nous ouvrir.
TOUS.
Jamais!..
M$^{me}$ DE BRIARE.
Mais savez-vous à quoi vous vous exposez?...
GILBERT.
Nous y penserons demain.
LA MARQUISE.
Martial, songez à la rigueur de la discipline!..
M$^{me}$ DE CARPENTRAS.
Je voudrais être leur colonel... je sais bien ce que je leur ferais...
LA MARQUISE.
Et si l'Empereur apprend...
MARTIAL.
Tant mieux! ça le fera penser à nous.
M$^{me}$ DE CARPENTRAS, à Gilbert.
Tu vas, à l'instant, nous faire sortir d'ici... ou tu auras affaire à moi, entends-tu? petit drôle.
GILBERT.
Tenez, voici la clé de cette petite porte.
M$^{me}$ DE CARPENTRAS, aux dames.
Voyez-vous... je lui impose... (Haut.) Donnez, jeune homme...
GILBERT.
Allez la chercher (Il jette la clé par dessus le mur.) Personne ne sortira.
TOUS.
Bravo! Gilbert!
GILBERT.
A présent, vive la joie!
M$^{me}$ DE CARPENTRAS, à part.
Qu'entend-t-il par vive la joie...
MARTIAL.
Il n'y a plus à s'en dédire, et bon gré mal gré vous accepterez notre invitation, et vous danserez à notre bal.
TOUTES.
Un bal!..
LA MARQUISE.
Dans une caserne.
MARTIAL.
Oh! rien n'y manquera... vous allez voir..
GILBERT.
Placez les lustres... illumination générale...

ACTE II, SCÈNE III. 17

MARTIAL, criant.
Musiciens, à l'orchestre...

(Les deux petits tambours et le fifre paraissent et montent sur un banc au fond; quelques-uns des pupilles apportent trois petits ifs garnis de verres de couleur, et les placent entre les orangers ; tout cela se fait sur le chœur suivant.)

ENSEMBLE.

Air d'Auber.

LES PUPILLES.
Vive la bombance !
Vive la gaîté
Et la contredanse,
Et la liberté!
Du punch, que les flammes
Remplacent le jour,
Et dansons, Mesdames,
Au bruit du tambour.

LES DAMES D'HONNEUR.
Ah ! quelle arrogance!
Quelle iniquité!
Quelle extravagance!
Quelle indignité !..
Les petits infâmes!
Offrir en ce jour,
La danse à des dames,
Au son du tambour !

LA MARQUISE.
C'est que c'est vraiment original !

M<sup>me</sup> DE BRIARE.
Et très gentil !

LA MARQUISE.
Que faire ?..

M<sup>me</sup> DE CARPENTRAS.
Ah ! à la guerre comme à la guerre !

LA MARQUISE.
Comment, vous seriez d'avis...

M<sup>me</sup> DE CARPENTRAS.
De danser au son du tambourin, ma foi, oui... Ça me rappellera le temps où je folâtrais sur l'herbette avec ce monstre de Jules... Et puis, avec des enfans, où est le mal ?.. Ils n'y entendent pas malice...

MARTIAL.
Messieurs, faites vos invitations.

LA MARQUISE.
Je ne sais si nous devons nous prêter...

M<sup>me</sup> DE BRIARE.
Le moyen de faire autrement.

M<sup>me</sup> DE CARPENTRAS.
Moi, d'abord, je suis décidée à accepter tout ce qu'ils m'offriront... ça sera plutôt fini.. et puis j'aime mieux ça! (A part.) Il y en a qui sont gentils.

MARTIAL, la main au shako.
Ma marraine...

LA MARQUISE.
Mais...

GILBERT, la main au shako.
Ma petite sœur, voulez-vous me faire l'honneur...

M<sup>me</sup> DE BRIARE, riant.
Comment donc, Monsieur... Ah ! ah ! ah !

LA MARQUISE, riant et bas.
Ne riez donc pas, ça les encouragerait...
(Tous les pupilles invitent les dames d'honneur.)

M<sup>me</sup> DE CARPENTRAS.
Eh bien !.. et moi donc !.. Est-ce que vous croyez que je suis d'âge à faire tapisserie... (Arrêtant Roger qui cherche une dame d'honneur.) Volontiers, jeune homme, j'accepte votre invitation...

ROGER, se défendant.
Pardon, mais...

M<sup>me</sup> DE CARPENTRAS.
Pour toute la soirée... c'est convenu...

ROGER.
Mais du tout...

M<sup>me</sup> DE CARPENTRAS.
Et les valses!.. Valse-t-on ici?.. J'adore ça... Je vous montrerai la valse à deux temps... c'est ravissant... (Elle entraîne Roger en fredonnant : J'aime le son du clairon, du tambour, de la trompette...

LES PUPILLES.
En place ! en pla e !

(Les tambours battent ; une contredanse a lieu au milieu des éclats de rire des pupilles. Après le chassez huit.)

M<sup>me</sup> DE CARPENTRAS, criant en montrant Roger.
Le maladroit !.. 'il m'a écrasé le pied!.. (Elle vient s'asseoir auprès du logement de Pampelune. Le quadrille est rompu.) Ouf !.. Pour me remettre, je prendrais bien un doigt de quelque chose ?..

GILBERT, criant.
Servez les rafraîchissemens !..

TOUTES.
Des rafraîchissemens !

M<sup>me</sup> DE CARPENTRAS.
J'ai bien peur que ça ne soit de l'abondance... ou du coco...

MARTIAL, portant des verres sur le fond de son shako, dont il se sert en guise de plateau. Faisant avancer un pupille.
Offrez du punch à Madame.

TOUTES.
Du punch !

M<sup>me</sup> DE CARPENTRAS.
Ah ! mais, ils font très bien les choses.

GILBERT, tenant une bouteille.
Si ces dames préfèrent le champagne.

TOUTES.
Du champagne !

M<sup>me</sup> DE CARPENTRAS, enthousiasmée.
Du champagne !.. toutes les douceurs de la vie...

MARTIAL, offrant un verre de champagne.
Ma marraine...

GILBERT, même jeu.
Ma petite sœur...

(Les pupilles donnent du punch et servent du champagne à toutes les dames d'honneur.)

M<sup>me</sup> DE CARPENTRAS.
Ah ! ça... et moi... l'on m'oublie?.. Du champagne...

ROGER.
Voilà. (Il lui donne un verre.) Mais vous avez déjà du punch...

M<sup>me</sup> DE CARPENTRAS.
Je vais vous dire... j'aime les deux.

2

MARTIAL.
A la santé des dames d'honneur !
TOUS LES PUPILLES.
A la santé des dames d'honneur !
TOUS.

Air de Clapisson.

La gaîté nous gagne,
Sablons le champagne,
Ce vin qu'accompagne
Toujours le plaisir.
Que par sa puissance
La nuit qui s'avance
Ici recommence
Pour ne plus finir...

GILBERT, bas, aux autres.
Maintenant, embrassons nos danseuses !..
ROGER, à part.
Moi, je n'embrasse pas la mienne !
(Ils embrassent par surprise les dames d'honneur, qui poussent un cri.)
GILBERT.
Notre barbe les a piquées...
M<sup>me</sup> DE CARPENTRAS, à Roger, en tendant la joue.
Non,.. je ne veux pas... je vous en supplie, laissez-moi... Eh bien ! il s'en va... (Se retournant.) Ah ! la petite bête... il s'est sauvé...
LA MARQUISE, aux dames d'honneur.
Mesdames... tout ceci commence à devenir fort inquiétant...
GILBERT.
Et, maintenant, une valse !
TOUS.
Oui, oui...
LA MARQUISE.
Martial... Messieurs... si nous avons consenti follement... à vous accorder une contredanse... c'est une étourderie dont vous nous faites repentir en exigeant davantage... mais nous vous prévenons que toute insistance est inutile... que vous n'obtiendrez rien de plus, et que nous voulons partir.
LES PUPILLES.
La valse ! la valse !
(Quelques pupilles s'emparent des dames d'honneur et les contraignent à valser. Après les quatre ou cinq premières mesures, Roger, qui en valsant est arrivé devant la porte du premier plan à droite, se met à crier :)
ROGER.
Cré nom d'une pipe ! voici le commandant Pampelune.
TOUTES LES DAMES D'HONNEUR.
Nous sommes perdues !
(Les dames d'honneur se cachent instinctivement derrière les pupilles, qui les masquent en se mettant en masse, et en se haussant sur la pointe des pieds. Roger a pris la pipe du colonel et fume, Gilbert et Martial ont allumé des cigares aux illuminations.)

## SCÈNE IV.

LES MÊMES, PAMPELUNE.

PAMPELUNE, arrivant par la droite, tout grelottant.
Ventre de biche !.. trois heures de faction autour de la pièce d'eau des Suisses... j'ai les pieds gelés... je ne sens plus mon nez... Vertudieu!.. je me souviendrai du marmot qu'on m'a fait croquer... C'est une vengeance de femme... quelque beauté que j'aurai dédaignée...
LES PUPILLES, riant.
Ah ! ah ! ah ! quelle tête !
PAMPELUNE.
Que vois-je ?.. les pupilles ne sont pas couchés... et je suis entouré de lampions !..
GILBERT.
C'est gentil, n'est-ce pas, commandant?
PAMPELUNE, qui a gagné l'extrême gauche, regardant les pupilles.
A quel propos cette illumination?.. Serait-ce aujourd'hui ma fête?.. Non... Pourquoi n'êtes-vous pas dans vos dortoirs ? Quel désordre !.. Que vois-je?.. des bouteilles vides.., et de champagne !.. Imprudents, vous avez bu de cette liqueur enchanteresse... Ah ! ça va les échauffer.
GILBERT.
Et du punch par-dessus... pour faire couler..
PAMPELUNE.
Du punch !.. Miséricorde !.. ils ont les yeux tout petits...
MARTIAL.
Le colonel ne boit pas autre chose tous les soirs; il dit que c'est bon, et il a fichtre raison !
PAMPELUNE.
Ils jurent ! ils sacrent !..
GILBERT, qui a allumé un cigare.
Certainement...
PAMPELUNE.
Et ils fument !.. Malheureux, voulez-vous bien jeter ça !..
GILBERT.
Touchez pas, touchez pas... ça brûle...
ROGER, fumant dans la pipe de Bastingard.
Commandant, voulez-vous un cigare ?
(Il lui envoie une bouffée de fumée.)
PAMPELUNE.
Pouah !.. En voilà un qui fume dans la pipe du colonel... et il a la culotte !.. Mais ils ont donc tous les vices, ces drôles-là?.. le vin... le tabac... il ne leur manquerait plus que les femmes...
LES PUPILLES, criant et sautant.
Voilà !..
(Ils ouvrent leurs rangs et laissent voir les dames d'honneur honteuses et confuses.)
PAMPELUNE, stupéfait.
Les dames d'honneur !

ENSEMBLE.

Air de Doche.

LES DAMES D'HONNEUR.
Ah ! quel tourment!
Plus de mystère,
Mon Dieu, que faire
En ce moment ?
Mon cœur bat de ressentiment.

LES PUPILLES.
Ah ! c'est charmant!
Pourquoi donc faire
Tant de mystère
En ce moment?
Plus de crainte et plus de tourment !

PAMPELUNE.
Ah ! c'est charmant !
Ah ! quel mystère ;

ACTE II, SCÈNE V.

Je vais tant faire
Qu'en un moment
On saura cet événement !

M<sup>me</sup> DE CARPENTRAS, se levant.

Ah ! j'avais les reins brisés... j'en aurai un torticolis...

PAMPELUNE.

Les dames d'honneur à la caserne des pupilles, la nuit!.. (Passant au milieu, de manière à se trouver entre M<sup>me</sup> de Briare et Martial.) Mesdames, j'ai bien l'honneur de vous saluer...

M<sup>me</sup> DE BRIARE.

Commandant !..

LA MARQUISE, avec prière.

Monsieur de Pampelune, si nous sommes ici, vous devez comprendre qu'on nous y a conduites au moyen d'une supercherie qu'excusent peut-être l'âge et l'étourderie des coupables.

PAMPELUNE.

Que penseront les officiers de l'état-major...

MARTIAL, avec force.

Ils penseront que les mystifiés d'hier sont les mystificateurs aujourd'hui... ils penseront que les pupilles de la garde sont bons à autre chose qu'à manger des sucreries... qu'ils boivent, fument et dansent... quoiqu'ils n'aient pas six pieds... et que lorsqu'ils ne trouvent pas de danseuses, ils enlèvent celles de leurs officiers... Voilà, commandant Pampelune... voilà ce qu'ils penseront...

PAMPELUNE.

Messieurs, quand votre colonel saura votre conduite, il vous fera repentir...

GILBERT.

D'avoir suivi ses conseils... Laissez donc... Si une femme s'était moquée de moi, disait-il...

Air de Turenne.

D'avoir mon tour j'aurais eu l'espérance.
Il disait ça !

PAMPELUNE.

C'est bien imaginé.

GILBERT.

De cette femme, oui, j'aurais eu vengeance.

PAMPELUNE.

Ah! juste ciel !

GILBERT.

Il n'a pas terminé,
Mais, c'est égal, nous avons deviné.
Nous avons bu, dansé, puis, quelle extase !..

LA MARQUISE, faisant vivement un signe à Gilbert.

Chut...

PAMPELUNE, vivement.

Après... hein ?..

GILBERT, froidement.

C'est tout...

PAMPELUNE.

C'est bien heureux.

(A part.)

Qu'auraient-ils fait, hélas! les malheureux!
Si l'autre avait fini sa phrase?

LA MARQUISE.

Et maintenant, M. de Pampelune, donnez-nous les moyens de sortir d'ici sans être vues...

GILBERT.

Comment! vous voulez nous quitter déjà ?

MARTIAL.

Oh ! par exemple ! Mesdames, au bal de la garde impériale, vous êtes restées jusqu'à cinq heures du matin. Vous ne sortirez d'ici qu'à cinq heures du matin...

TOUS.

Oui, oui...

GILBERT.

A droite et à gauche, formez le cercle... Tambours, battez la charge !

(Les pupilles dansent en rond autour des dames d'honneur et de Pampelune, qui cherche toujours à s'esquiver.)

PAMPELUNE, criant dans le cercle.

C'est une émeute, une révolution, un 93 !.. (En rompant le rond.) C'est bien, Messieurs, puisqu'il en est ainsi, je vous cède la place... (A part.) Vite, un petit avis au général : Bastingard est destitué et je suis colonel !..

(Il sort par le premier plan à droite.)

LES DAMES D'HONNEUR, s'élançant sur ses pas.

Nous vous suivons, commandant.

LES PUPILLES, leur barrant le passage.

Non, non !.. (Criant et sautant.) Victoire !..

SCÈNE V.

LES DAMES D'HONNEUR, LES PUPILLES DE LA GARDE.

LA MARQUISE.

Enorgueillissez-vous bien d'un triomphe qui va jeter le ridicule sur de pauvres femmes qui avaient eu la bonté de s'intéresser à votre jeunesse ; réjouissez-vous d'avoir compromis, perdu peut-être, un homme qui était votre ami, votre père.

TOUS.

Le colonel !..

LA MARQUISE.

M. de Pampelune est sans doute allé chercher des témoins, qui apprendront au général comment le colonel Bastingard enseigne et maintient la discipline... Grâce à vous, mon oncle sera privé de son grade...

MARTIAL.

Oui, vous avez raison, ma marraine, et c'est moi qui suis cause de tout cela...

GILBERT.

Tu te trompes... c'est moi... Messieurs, il faut nous assurer des intentions de M. de Pampelune.. Roger, prends avec toi quelques camarades, suis le commandant, épie ses démarches, et viens nous rendre compte de ce que tu auras appris...

ROGER.

C'est convenu.

(Il sort avec quelques pupilles.)

MARTIAL.

Nous, maintenant, songeons à faire sortir d'ici ces dames...

GILBERT.

Mais comment ?.. Moi qui ai jeté de l'autre côté la clé de cette petite porte.

MARTIAL.

Maladroit !

GILBERT.

Il nous faudrait une échelle... et par dessus le mur...

Mᵐᵉ DE CARPENTRAS.
Ah ! par exemple!.. jamais, jamais... (A part.)
Ah ! bien... les petits gaillards...
LA MARQUISE, indiquant une petite porte à droite.
Eh bien ! par là ?
MARTIAL.
Impossible ! ce passage donne sur la grande cour, dont la grille est fermée.
GILBERT.
Il faudrait demander le cordon au concierge, et naturellement il vous reconnaîtrait.
MARTIAL.
Ah !...
TOUS.
Quoi ?
MARTIAL.
Un moyen !
TOUS.
Lequel?..
MARTIAL.
A quelque distance de l'Orangerie...
GILBERT.
Il existe une ouverture dans le mur du parc, dont nous nous servions pour sortir d'ici avant d'avoir la clé de cette petite porte... le chemin est fort étroit.
MARTIAL.
Et fort peu commode ; mais quand on n'a pas le choix...
Mᵐᵉ DE CARPENTRAS, réfléchissant.
Une ouverture très étroite...
MARTIAL.
Ces dames ont toutes la taille fine... elles passeront.
LA MARQUISE, désolée.
Ah ! c'est affreux !..
GILBERT.
Partons... partons vite...
Mᵐᵉ DE CARPENTRAS.
Ma foi, sauve qui peut !

Air de l'Homme qui tue sa femme.

Partons,
Sortons,
Mais prudence
Et vigilance,
L'honneur le veut,
Mesdames, sauve qui peut !

(Les dames d'honneur s'éloignent en courant avec les pupilles, qui leur montrent le chemin ; ils sortent tous par le premier plan à droite.)

## SCÈNE VI.

MARTIAL, LA MARQUISE.

MARTIAL, la soutenant.
Grand Dieu !.. qu'avez-vous ?
LA MARQUISE.
Je ne sais... le trouble... l'émotion... la frayeur...
(Elle tombe sur une chaise à gauche.)
MARTIAL, hors de lui.
Bon !.. elle se trouve mal... comment la faire revenir... il n'y a ici que de l'eau-de-vie et du champagne... Ah ! je cours... je vais appeler...
LA MARQUISE.
Malheureux... tu vas me perdre.

MARTIAL.
Vous ne pouvez pas rester ici seule... et quand je devrais vous emporter dans mes bras.
LA MARQUISE.
Martial...
MARTIAL, qui a essayé en vain de soulever la marquise.
Ah ! sapristi !.. je ne suis pas assez fort.

Air d'Aubor.

Ah ! suivez-moi, de grace,
Dépêchons, le temps passe,
Fuyons de cette place,
Nous le pouvons encor.
LA MARQUISE, essayant de marcher.
Impossible !..
MARTIAL.
O disgrace !
Le danger nous menace.
Ah ! que le ciel me fasse
Un petit peu plus fort !

ENSEMBLE.

MARTIAL.
Ah ! mon Dieu, comment faire ?
Pour sauver, pour soustraire
La femme qui m'est chère,
Et la mettre à bon port ?
LA MARQUISE.
C'est en vain que j'espère,
Comment pourrais-je faire ?
Mon Dieu ! pour me soustraire
A tout l'état-major !

(Pendant la ritournelle, ils ont gagné l'extrême droite; lorsqu'ils sont arrivés à la porte au premier plan, on entend un bruit de fusils.)

MARTIAL.
Ciel ! on a placé les factionnaires de nuit.
LA MARQUISE.
Oh ! malheureuse !..
MARTIAL.
Oh ! rassurez-vous, je prendrai tout sur moi, je dirai que je vous ai enlevée.
LA MARQUISE.
On ne te croira pas... La marquise d'Andresy dans une caserne, avec des soldats...
MARTIAL.
Bah ! des petits soldats... Je dirai que vous êtes venue me voir... moi, votre filleul... m'apporter... que sais-je?.. des gâteaux... des sucreries...
LA MARQUISE.
Eh ! Monsieur ! ce n'est plus de votre âge.
MARTIAL.
Ce matin, pourtant...
LA MARQUISE.
Ce matin, je ne vous croyais pas aussi avancé... vous êtes un homme, à présent.
MARTIAL.
Un homme... moi, un homme !.. Ah ! que l'état-major n'est-il là pour vous entendre !
LA MARQUISE.
Et pour m'accabler de ses sarcasmes, n'est-ce pas ?.. Ah ! ma réputation est perdue !
MARTIAL.
Oh ! non, car je saurai bien vous sauver... même au péril de ma vie !

## ACTE II, SCÈNE VII.

LA MARQUISE.
Comment?..

Air : Ses yeux disaient tout le contraire.

Que veux-tu faire?
MARTIAL.
Oh! presque rien,
Peut-être quelque enfantillage,
Vous allez voir si j'agis bien,
Et selon mon cœur et mon âge.
Vous avez dit que j'étais...
LA MARQUISE.
Quoi?
MARTIAL.
Un homme, eh bien!..
LA MARQUISE, à part.
Ah! quelle épreuve!
MARTIAL.
En vous sauvant, ah! laissez-moi
Ici vous en donner la preuve,
Je suis un homme, ah! laissez-moi
Ici vous en donner la preuve!

Gilbert a jeté la clé de cette porte de l'autre coté du chemin, et... en escaladant le mur...
LA MARQUISE.
Mais, malheureux, les sentinelles...
MARTIAL.
Bah! la nuit... on vise mal...
LA MARQUISE.
Tu t'exposerais...
MARTIAL.
Qu'est-ce qu'un petit coup de fusil... pour nous autres troupiers...
LA MARQUISE.
Risquer tes jours... jamais! Je ne veux pas... j'aime mieux être compromise, perdue... Tu resteras, Martial...
MARTIAL, s'échappant et gravissant le mur.
Moins que jamais, à présent!
LA MARQUISE.
Ah! il escalade la muraille... il disparaît...
VOIX, en dehors.
Qui vive!
LA MARQUISE.
Ah!
VOIX, en dehors.
Qui vive!
LA MARQUISE.
Mon Dieu!..
VOIX, en dehors.
Qui vive! (On entend un coup de feu.)
LA MARQUISE.
Ah! il est blessé... mort, peut-être...
MARTIAL, ouvrant la petite porte.
Non!
LA MARQUISE.
Ah!..
MARTIAL.
Il ne vise pas juste, le camarade... Venez...
LA MARQUISE.
Martial, mon ami...
MARTIAL.
Partez vite... Adieu, ma marraine...
LA MARQUISE.
Adieu!
(Elle sort par la petite porte, que Martial referme.)

## SCÈNE VII.

MARTIAL, GILBERT, ALEXIS, M<sup>me</sup> DE CARPENTRAS, PUPILLES.

M<sup>me</sup> DE CARPENTRAS, accourant.
Miséricorde!.. Oh! la maudite crevasse!
MARTIAL.
M<sup>me</sup> de Carpentras!.. Comment, les dames d'honneur?..
GILBERT.
Elles sont toutes en sûreté.
M<sup>me</sup> DE CARPENTRAS.
Il n'y a que moi qui n'ai pas pu passer, c'est un vrai soupirail de cave, un fourreau de parapluie que votre ouverture!.. je n'ai jamais pu y introduire que la moitié du corps.
ALEXIS.
Et j'ai eu beau pousser... pousser...
GILBERT.
Il y avait un obstacle insurmontable!
M<sup>me</sup> DE CARPENTRAS.
Il a manqué de me démancher... la tête, et c'est que je ne pouvais plus sortir de là, encore...
MARTIAL.
J'entends du bruit.
M<sup>me</sup> DE CARPENTRAS.
Les officiers, sans doute... Ah! je suis pincée!..
(Elle se réfugie à gauche, près du logement de Pampelune. Roger paraît.)
GILBERT.
Rassurez-vous: c'est Roger!
M<sup>me</sup> DE CARPENTRAS, s'asseyant.
Ah! quelle souleur!
MARTIAL.
Eh bien! Roger, le commandant?..
ROGER.
Vous ne vous étiez pas trompés; en sortant d'ici, il est allé écrire une lettre qu'il a envoyée au général.
GILBERT.
Plus de doute, il nous a dénoncés!
MARTIAL.
Oh! le vieil intrigant!.. Le général va venir, et dans sa colère il est capable de nous chasser du régiment.
GILBERT, aux autres, à mi-voix.
Attendez, tout n'est peut-être pas désespéré, et M<sup>me</sup> de Carpentras va nous servir.
M<sup>me</sup> DE CARPENTRAS, se levant et venant au milieu d'eux.
Eh bien! vous êtes gentils vous autres... vous me laissez là!..
GILBERT.
Nous nous occupions de vous, nous cherchions le moyen de vous sauver.
M<sup>me</sup> DE CARPENTRAS.
L'avez-vous trouvé?.. Cachez-moi, n'importe où... j'y entrerai... (S'amincissant.) Je me forcerai...
GILBERT.
Il n'y a qu'un seul endroit, le voici.
MARTIAL.
Le logement du commandant.
M<sup>me</sup> DE CARPENTRAS.
De mon Pampelune!.. Au fait, vous avez raison, ces dames ne pouvaient pas décemment y

entrer ; mais moi, sa prétendue, j'en ai le droit, et j'entre...

(Elle entre dans le logement du commandant. En ce moment, Pampelune arrive. Martial referme vivement la porte.)

## SCÈNE VIII.
PAMPELUNE, LES PUPILLES.

MARTIAL.
Voici le commandant Pampelune.
GILBERT.
Maintenant, à son tour, et imitez-moi... (Allant au-devant de Pampelune.) Eh ! voilà ce cher commandant !
ROGER.
Ce bon commandant !
MARTIAL.
Cet excellent commandant !
TOUS.
Cet excellent commandant !
PAMPELUNE, à part.
Ils ont l'air de se... moquer de moi... (Regardant autour de lui.) Mais je n'aperçois pas les dames d'honneur... ils les auront cachées... Oh ! je devine où... (Du regard il indique le dortoir.) Les petits Faublas !
MARTIAL.
Je le disais bien, Messieurs, que le commandant ne nous garderait pas rancune pour une petite escapade de jeunesse.
PAMPELUNE.
Vous appelez ça une petite escapade... Merci !..
GILBERT.
Eh ! vous en avez fait bien d'autres, commandant... vous qui, en fait de galanterie, êtes passé maître...
PAMPELUNE, au milieu d'eux.
J'ai un peu pratiqué, j'en conviens... Mais c'est égal, vous êtes bien les plus grands petits mauvais sujets de l'armée.
GILBERT.
Eh bien ! M. de Pampelune, pour nous prouver que nous sommes rentrés en faveur auprès de vous... j'espère que vous ne refuserez pas de vider avec nous la coupe de la réconciliation.
PAMPELUNE.
Oh ! non, merci, ça me dérangerait !..
MARTIAL.
Vous nous en voulez donc encore !
PAMPELUNE, à part.
Au fait, mon billet anonyme annonce au général qu'ils sont en goguette... il faut qu'il les trouve ronds comme des petites pelottes... excitons-les par mon exemple... (Haut.) J'accepte, mes petits amis, j'accepte ; mais, surtout, rubis sur l'ongle.
GILBERT, bas, à un pupille, après avoir versé à Pampelune.
Une boisson tonique... de l'eau-de-vie et du vin de Champagne... c'est excellent... en cinq minutes, ça vous fait rouler un homme...
PAMPELUNE, buvant.
Hum !.. qu'est-ce que c'est donc que ça ?
GILBERT.
Du petit vin de pays... c'est comme de l'eau.

PAMPELUNE.
Diable !.. c'est de l'eau-forte...
GILBERT, versant.
Mais buvez donc, corbleu !..
PAMPELUNE, à part.
Il jure... ça va bien. (Haut.) C'est ça, buvons, corbleu ! ventrebleu ! sacrebleu ! vertuchou !.. Je les allume... (Buvant.) Ah ! comme ça gratte...
GILBERT, versant à boire à Pampelune.
Encore une santé...
PAMPELUNE.
Non, non, merci... j'ai le gosier à vif...
MARTIAL.
Allons, commandant, à vos maîtresses !
PAMPELUNE.
Je leur dois bien cette preuve de souvenir... A mes amours... à mes cent deux victimes.
TOUS.
Ah ! ah ! cent deux !
PAMPELUNE.
J'en passe, et des meilleures.

CHŒUR.
Air de Clapisson.

Amis, il faut que l'aurore
Nous trouve le verre en main.
A la beauté qu'on adore,
Trinquons tous jusqu'à demain.
Cette nuit si belle,
Au plaisir nous appelle.
Buvons d'abord,
Encor, encor.

(Ils trinquent.)

Buvons, amis, jusqu'au jour,
Buvons à l'amour !

(Après le chœur, on remplit le verre de Pampelune.)

GILBERT.
Mais vous ne buvez pas.
PAMPELUNE.
Si... parole, je viens de boire...
GILBERT.
Votre verre est encore plein.
PAMPELUNE.
Tiens, c'est vrai... je ne bois pas.
MARTIAL.
Buvons ! (Fredonnant.)
Et que tout tourne, tourne, tourne.
PAMPELUNE, à part, riant.
Ah ! ils sont dedans... car tout ne tourne pas, je vois bien peut-être... les arbres se balancent, voilà tout. (Haut et fredonnant.)
Je veux boire, boire et toujours boire !

(Il avale d'un trait.)
TOUS.
Bravo !
GILBERT, à Martial.
Il est pris.
PAMPELUNE, à part.
Ils sont ivres morts... (Haut.) Où sont les dames d'honneur... j'ai envie de valser.., je veux danser la hongroise. (Criant.) Mais pas avec Caroline...

(En disant ces mots, il a gagné l'extrême droite.)

## ACTE II, SCÈNE IX.

TOUS.
Ah! ah!

PAMPELUNE.
Oh! la hongroise... c'est mon triomphe... je fatiguais toutes les femmes... elles me demandaient grace... « Je vous en prie, Jules, en voilà assez, ça va vous faire du mal... » (Riant.) Et j'allais toujours... (Il trébuche.)

TOUS, à mi-voix.
Enfoncé le commandant!
(Les pupilles sont rangés sur une seule ligne; le premier pupille à droite s'empare de Pampelune, le fait tourner sur lui-même et le jette à son camarade; même jeu de scène de la part des autres pupilles, jusqu'à ce que Pampelune ait gagné l'extrême gauche.)

PAMPELUNE, pendant ce jeu de scène.
Tiens! je valse la hongroise... qu'ils sont bêtes... Oh! nous nous amusons bien! (Tombant sur une chaise près de son logement. A part.) Je crois que je les ai grisés complètement.
(Il s'endort peu à peu.)

ROGER, qui a regardé vers le premier plan à droite.
Messieurs, Messieurs... voici le général qui entre dans la caserne par la grande grille.

TOUS, effrayés.
Ah!

ROGER.
Avec le colonel Bastingard et tout l'état-major...

GILBERT.
Vite, soufflons les illuminations, et faisons au commandant un rampart de bouteilles.
(On emporte les ifs et l'on place autour de Pampelune les paniers pleins de bouteilles vides.)

MARTIAL.
Et maintenant, au dortoir.

TOUTES LES PUPILLES.
Air d'Iphigénie.

En ces lieux, jamais de scandale,
La discipline et la morale
Ont plein pouvoir en ce moment.
Ne craignons pas de châtiment;
Notre conduite est très loyale,
Et fait honneur au régiment.

(Les Pupilles entrent dans le dortoir.)

## SCÈNE IX.

LE GÉNÉRAL, BASTINGARD, DEUX AIDES-DE-CAMP.

LE GÉNÉRAL.
Une pareille conduite mérite un châtiment exemplaire...

BASTINGARD.
Les pupilles n'ont pu s'oublier ainsi... vous avez été trompé... Personne ici.. voyez, général.

LE GÉNÉRAL.
En effet... Mais cet avis que j'ai reçu...

BASTINGARD.
Un billet anonyme... ce devait être une calomnie...

LE GÉNÉRAL, lisant le billet.
« Si le général se transporte sur-le-champ à la caserne des pupilles, il s'assurera que le champagne y coule à flots... et que le beau sexe y est dignement représenté... »

BASTINGARD.
Eh bien! général, avais-je raison de répondre de ces enfans?..

LE GÉNÉRAL.
Mais que signifie cette accusation... Si les pupilles de la garde sont innocens... où donc est le coupable?..

PAMPELUNE, rêvant.
Cette nuit si belle.... oh! la hongroise!..

LE GÉNÉRAL.
Qu'est-ce que j'entends là?

BASTINGARD.
Que vois-je?..

LE GÉNÉRAL.
Le commandant Pampelune!

BASTINGARD.
Endormi... entouré de bouteilles!

LE GÉNÉRAL.
Quel scandale!

PAMPELUNE, s'éveillant.
Oui... c'est un grand scandale... Il faut un exemple..

LE GÉNÉRAL.
Et j'en ferai un, Monsieur.

PAMPELUNE.
Le général!..

BASTINGARD.
Qui sait tout...

PAMPELUNE.
Tant mieux!

LE GÉNÉRAL.
Et qui vous fera payer cher votre singulière conduite.

PAMPELUNE.
Hein?.. ma conduite... à moi.

LE GÉNÉRAL.
Un billet m'a prévenu de ce qui se passait à la caserne.

PAMPELUNE.
Parbleu!.. et vous avez vu...

LE GÉNÉRAL.
Le chef de bataillon Pampelune, endormi au milieu des bouteilles.

PAMPELUNE.
Ah... moi... (En disant cela il trébuche, recule, et se heurte contre les paniers de bouteilles.)

LE GÉNÉRAL.
Le nierez-vous?..

PAMPELUNE, à part.
Scélérat de petit vin de pays... ah! vingt-cinq millions de milliasses!... (Haut.) Mais, Général..

LE GÉNÉRAL.
Ce n'est pas tout, Monsieur... ce billet m'annonce qu'il y a des femmes dans la caserne...

PAMPELUNE.
Et le billet a raison, il y a...

LE GÉNÉRAL.
Comment! vous avez l'audace d'avouer que vous avez introduit...

PAMPELUNE.
Moi, je n'ai rien introduit...

LE GÉNÉRAL.
Sont-ce là, Monsieur, les exemples que vous donnez à ces jeunes gens

## SCÈNE X.

Les Mêmes, M<sup>me</sup> DE CARPENTRAS.

M<sup>me</sup> DE CARPENTRAS, *sortant vivement de la chambre de Pampelune.*
Il est innocent, Général, il est innocent !..

TOUS.
Madame de Carpentras !..

PAMPELUNE, à part.
Caroline, dans ma chambre!.. Qui est-ce qui l'a fourrée là ?

LE GÉNÉRAL.
Monsieur de Pamplune, c'en est assez; l'Empereur connaîtra votre conduite.

PAMPELUNE.
Miséricorde !

M<sup>me</sup> DE CARPENTRAS, à part.
Pauvre ami !... je me dévoue... (Haut.) Monsieur de Pampelune n'est pas coupable.

TOUS.
Comment ?..

M<sup>me</sup> DE CARPENTRAS.
N'est-il plus permis à un officier supérieur de recevoir chez lui sa femme ?..

TOUS.
Sa femme !

M<sup>me</sup> DE CARPENTRAS.
Oui, Messieurs. Le commandant Pampelune est mon mari...

PAMPELUNE.
Ah bah !..

TOUS.
Son mari !

LE GÉNÉRAL.
Il serait vrai ?..

PAMPELUNE, bas.
Mais, Madame...

M<sup>me</sup> DE CARPENTRAS, bas.
Consentez, ou je vous laisse vous tirer de là tout seul.

PAMPELUNE, à part.
Ah ! sacrrr... c'est affreux, cela !

M<sup>me</sup> DE CARPENTRAS, haut.
Nous pouvons avouer maintenant un hymen que des raisons qui n'existent plus nous empêchaient de faire connaître et de ratifier publiquement.

LE GÉNÉRAL.
M. de Pampelune... ce mariage secret...

PAMPELUNE.
Sera célébré...

M<sup>me</sup> DE CARPENTRAS.
Avec pompe... je l'espère...

PAMPELUNE.
Je ferai de mon mieux... (A part.) Ouf !.. je suis roué... c'est la première fois...
(On entend battre la diane; les pupilles sortent du dortoir en se détirant.)

## SCÈNE XI.

Les Mêmes, tous LES PUPILLES.

GILBERT.
Oh ! j'ai joliment dormi !..

MARTIAL.
Et moi, je n'ai fait qu'un somme !..

TOUS, *apercevant le général.*
Le Général !

BASTINGARD.
Tenez, Général, ils viennent de se réveiller... Je disais bien qu'on les accusait à tort....
(Il a dit cette phrase en se plaçant entre Gilbert et Martial et en les amenant sur le devant de la scène.)

GILBERT, bas.
Du tout.

BASTINGARD, bas.
Hein ?.. Quoi ! vous aviez...

MARTIAL, bas.
Mis en action vos conseils de ce matin.

BASTINGARD, bas.
Ainsi le bal, le punch, le champagne, les dames d'honneur...

GILBERT, bas.
Nous nous sommes donné tout cela.

BASTINGARD.
Chut !... ( A part.) Ah ! les petits drôles !.. La garde impériale n'aurait pas fait mieux...
(On bat aux champs au dehors.)

## SCÈNE XII.

Les Mêmes, LES DAMES D'HONNEUR.

LE GÉNÉRAL.
Les équipages de l'Impératrice entrent au château ?

LA MARQUISE, à Bastingard.
Colonel, l'Impératrice a tenu la promesse qu'elle vous a faite hier au château de Saint-Cloud : elle vient visiter dans leur caserne les pupilles de la garde.

TOUS.
Vive l'Impératrice !

LE GÉNÉRAL.
Je vais au-devant de Sa Majesté.

BASTINGARD.
Aux armes ! (Tout le monde prend les armes.)

MARTIAL, à la marquise, pendant ce mouvement.
Ma marraine, m'en voulez-vous encore ?

LA MARQUISE.
Tais-toi.. Dépêche-toi de grandir et de devenir officier.

GILBERT, même jeu que Martial.
Ma petite sœur, vous reverrai-je ?

M<sup>me</sup> DE BRIARE.
Oui, je viendrai demeurer à Versailles, avec M. de Briare... L'air y est très bon, ça lui fera du bien.

GILBERT.
Et à moi aussi.

BASTINGARD.
A vos rangs !
(Les pupilles se rangent au fond sur deux lignes, comme au premier acte.)

PAMPELUNE, bas, à M<sup>me</sup> de Carpentras, pendant ce mouvement.
Maintenant que je vais être votre mari, vous me ferez bien colonel.

M<sup>me</sup> DE CARPENTRAS, regardant les pupilles.
Je vous ferai mieux que ça...

BASTINGARD, commandant.
Portez... armes !.. présentez... armes !..
(Les pupilles exécutent le mouvement; les dames d'honneur forment la haie près de la porte à droite.)

LE GÉNÉRAL, rentrant et annonçant.
L'Impératrice !

FIN

Imprimerie de M<sup>me</sup> DE LACOMBE, rue d'Enghien,

www.ingramcontent.com/pod-product-compliance
Lightning Source LLC
Chambersburg PA
CBHW060920050426
42453CB00010B/1845